TAROT

逐張解密，分項解答，按圖索驥學會塔羅牌

塔羅
────
教典

子玄
著

目　錄

Chapter 1

關於塔羅你需要知道的知識

Chapter 2

塔羅入門基礎觀念與原理

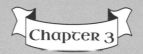

Chapter 3

塔羅大阿爾克納牌

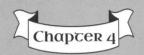

Chapter 4

塔羅小阿爾克納牌——數字牌

✿ 權杖牌組

✿ 聖杯牌組

✿ 寶劍牌組

✿ 錢幣牌組

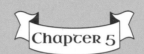

Chapter 5

塔羅小阿爾克納牌──宮廷牌

善頌善禱，傳承占卜品德於塔羅學理與專業技術中

真理智慧的探尋者、心靈哲學與神祕學老師、
台灣大學塔羅社創社老師／清風

塔羅牌是現代最流行的西方神祕學工具之一，可以預測趨勢、自我剖析甚至撫慰人心。然而，這些功能都有賴占卜者的品德信念、學理學識與專業技術方能發揮完全。

在眾多塔羅中，萊德偉特塔羅牌是全球教學者的共通語言，其豐富的學術內涵不待言喻，光是研究其牌面的圖像便可讓初學者對人類潛意識原型的解析有第一層的理解。塔羅是我們潛意識訊息的表現工具，表現出自己的性格和信念，作者藉由作品的樣貌呈現出其價值與信念。使用者藉由自己的信念與系統詮釋牌面，共同演繹出潛意識可能的答案，提供給占卜者參考。

所以，對於塔羅占卜師而言，除了需要對牌面圖像理解精通外，還需要時時檢討個人的信念與價值系統，不斷提升心靈智慧，才能給占卜者更好的方向和指引。期盼，塔羅是

你自我理解與入道的敲門磚，藉由這個工具，幫助自己也幫助身邊的朋友們成長。

子玄老師是我大學易學社的同修學弟，也是我前幾梯塔羅班畢業的學員，認眞鑽研於學理並持續教學分享，我相信，這會是一本好的入門書，不只因爲他對塔羅的研究認眞，更因爲他鑽研神祕學二十幾年，從東方到西方、廣泛涉獵之後，必能超越觀點的將占卜觀念集結於教學中，而成就一本好書。

最後，我所認識的子玄，同時也是一位精進於身心靈成長、德術兼備的教學者。今日他將自己二十年的塔羅涵養化爲文字，分享給同好、大眾，實爲神祕學界之福。清風與其相識超過二十載，得邀作序，自是欣然接受，樂於推薦給所有想要徹底發揮塔羅牌功能的愛好者們，將此書納入收藏絕不後悔。

塔羅好書，推薦之作

中華易經天書三式協會創會會長／邱金漢

　　塔羅，是西方的占卜工具，有如東方的易經占卜，藉由工具顯示出象徵，占卜師解釋象徵，說明占卜的結果和問卜的事件之間的吉凶關聯。

　　東方早期用蓍草、龜板、現代改用銅錢等工具，西方則是用牌卡，各種牌卡有其分類結構，如撲克是 54 張牌（加上兩張小丑），而塔羅的結構是 78 張牌，分成大、小牌的分類方式。

　　子玄老師從大學時期即與術數結緣，東方術數中的八字、紫微斗數、陽宅、擇日、奇門遁甲、大六壬、人相學、易經占卜無不精通。西方占卜塔羅，無論是偉特、馬賽、托特系統均深入研究並講學，並經常赴中國大陸昆明、上海教授塔羅，慕名求教者絡繹於途。

　　目前子玄老師係中國文化大學推廣教育部全人教育部部長、身心靈中心主任，管理東西方神祕學的各種課程，並親自在建國本部及台中分部開設身心靈課程，廣受學員的好

評。

　　英雄造時勢，時勢造英雄，在此混沌的局勢裡，年輕的子玄老師願意將他所學傳承給喜歡塔羅的社會大眾，且應用在日常生活裡，對神祕學這塊領域的發展具有承先啟後的效能。

　　因緣際會，教學相長，在癸卯玉兔年特別應大眾需求出版塔羅書籍，讓無法親自上實體課的大眾能解心中之憾。

　　此書對初學者或想更深入了解塔羅的普羅大眾是一本值得大家收藏的好書，本人對年輕的子玄老師在教學、傳承、解惑方面的不懈精神，深感欽佩，特為之序。

推薦文

　　能將東西方神祕學融會貫通的務實運用，是子玄老師在這樣領域中，經年累月來的教學研究與理論深耕的成果，現今也致力於授業課程，學員總能如沐春風般的感受其涵養豐厚。從學生時代就熟識的子玄老師，一路用心推廣著身心靈學識，這次看到他透過塔羅牌做為教學指引，帶領大家踏入學習塔羅之道，在本書中有許多的人生故事及實例，讓我們進行塔羅占卜理解牌義時，也能看到生動的情境縮影，展開與內在的自我對話，找到面對問題的最佳決策。

　　　　　　　　　　　　——塔羅事典館主／孟小靖

　　聽到子玄老師即將要出書很替他感到高興，子玄老師是個相當親切及專注於研究及教學的一個好老師，這次看到他的書籍，知道這是為了初學者從不懂的角度逐一的教學，讓學者可以一步一步的進入到塔羅牌的世界所創作，書籍的內容不告訴你多複雜的原理而是扎實的教導你如何的運用你手

中的塔羅牌，更從一般個案最喜歡問的：事業、感情、財運及學業下手給你指引，相信初學者可以藉由這本書讓自己快速進入塔羅牌世界。

——寧靜森林創辦人、
文化大學推廣教育部塔羅教師／寶咖咖

　　認識子玄老師已經 17 年了，那時候老師來昆明授課，學生都看著學識豐富，對人生種種經歷都能泰然自若回應的老師，篤定的將自己內在的知識和智慧與大家分享，而我，就是那時的學生之一。

　　10 年後，沿著老師的路，我也成為了一位塔羅老師，維持良好的學術教學風格，疫情前，每年也特地請老師重返昆明，為愛好學習者帶來進階或不同學問的授課。

　　新一代的學生們對子玄老師也是讚不絕口、喜愛有加：老師課程架構嚴謹但課堂氣氛甚活潑，學識淵博但由淺入深娓娓道來，讓學習者如春風細雨，根基深厚但點播輕巧，是一位真正心智圓熟的教導者和幫助者。我很榮幸為老師的新書作序，也很高興我在雲南傳承著塔羅之道。

——雲南昆明楠月塔羅工作室主理人／楠月

轉眼一算，認識子玄老師已經有 8 年的時間了。當時的我很熱衷各種學習，與子玄老師結緣，有感於他的教學認真、真誠不弄玄虛。接著，我到海外發展事業，我常常把一些發展構思跟子玄老師一起討論，子玄老師總是誠摯且支持的跟我分享他的種種想法，不藏私，讓討論激盪出更多火花。子玄老師專研教學塔羅已經有 16 年的時間，不管是實操或是教學，都專業且務實。對於想要學習塔羅的朋友們而言，這絕對會是一本適合你學習並增加基礎理論知識的好書。

——貓一個文化創意有限公司
亞洲動物溝通聯盟 CEO ／朱慧寧（雲尊老師）

　　從我 2005 年開女巫神算館開始，跟子玄認識快二十年了，雖然我們算塔羅的原理跟習慣不同，但還是常常交流，子玄也會八字跟易經等東方數術，也都是老師的程度。

　　我一直在等他的新書，現在終於面世了，祝子玄新書大賣！

——占星塔羅作家／天空為限

願學習命理者都能更了解自己、突破命運

　　從 2004 年，我開始教學塔羅，到 2023 年，正好 20 個年頭，我想，是該貢獻一本教學的事典，供同學和有志於教學的朋友們使用和傳承，就有了這本《塔羅教典》的出版。

　　在過往的 20 年間，我幾乎不間斷的在台北教學，主要在文化大學推廣教育部身心靈中心，其他還包括了台大、東吳、世新、中原、醒吾等數所大學的易學社或塔羅社，上海、昆明、成都、香港等教學機構，經驗可算豐富。在最初 10 年的教學過程中，講義經常得翻修，隨著參閱各種文獻和塔羅百科全書，教學中的成長和占算時累積的經驗越來越豐富，讓原本只有初階的課程，一路進展到有進階、高階、師資研究班。深感塔羅的學術內涵豐富，哲學思維深刻，絕對不亞於東、西方命理的任何一門學問，遂有了寫教學書籍的想法，很感謝去年有機會認識時報出版的朋友，讓我有機會將多年來的心願完成。

　　《塔羅教典》適合任何塔羅的學習者和教師，做為教本

學習或和學員分享，將偉特牌的大、小牌基本圖像內涵逐步破解，按項分類說明可能的解法，並且附上逆位的說明，做為塔羅的初步學習，可謂完整。

事實上，從金色曙光協會傳承塔羅以來，塔羅就不再只是算命的工具，偉特所設計的牌卡，蘊含了集體潛意識的原型，將人世間的所有現象、情緒狀態、思想意念，都盡可能地納入牌中，如果你仔細學習，深入研究，就會發現，他說明我們潛意識中的運作是多麼的深刻，重要的是，偉特時刻提醒著我們心靈意志的重要性，就拿最出名的「死神牌」舉例，圖像中面對死神的四個角色，就說明著當我們用不同態度面對死亡的壓力，我們能夠導向未來的可能性都是不同的。

從小，我對命理就有特殊的興趣，對於人類的命運極有興趣研究，16歲左右開始接觸塔羅，便驚異於牌的準確度和預測未來的能力，只是當時高中生，並不了解心理學和潛意識，在大一時轉投了中國命理的易經、八字、卜卦等各項學問中，機緣巧合在24歲時遇到了清風老師，才有機會貫通東西命理學，開始研究塔羅的學術。研究塔羅這門占卜的技術，需得從人類的潛意識和心理學出發，配合新時代的心靈成長概念，對人類的自我價值定位和意識決定世界的涵義所有瞭解，那麼，你才能真正的知道塔羅牌為什麼會準，又如何可以幫到個人認清現狀，解決問題，以上這些，都會在第

二章「塔羅的運作原理」中，詳盡的說明，請同學們詳細觀看，或有興趣可以來參與我的課堂共同研究。

　　希望塔羅，能夠幫到你真正的了解自己，了解我們命運的造作是源自我們自己的整體意識，如同希臘哲人亞里斯多德早有明言：「性格決定命運。」如果你能藉由塔羅了解自己的性格，就會了解自己占算的結果為何是這些牌，了解自己的命運為何如此，然後你懂了命運掌握在自己的手中，最終，突破格局，走向新的意識，創造你真正想要的未來。祝願你善用塔羅成為正向的工具，讓你的人生走得更好、更穩定。

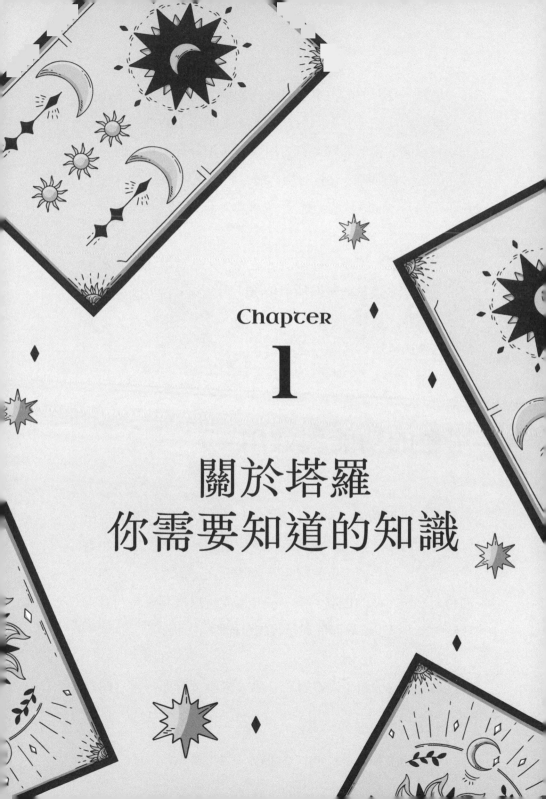

Chapter

1

關於塔羅
你需要知道的知識

塔羅，是西方的占卜工具，有如東方的易經卜卦，藉由工具顯示出象徵，占卜師解釋象徵，說明占卜的結果和問卜的事件之間的吉凶關聯，東方用著草、銅錢等工具，西方則是用牌卡，各種牌卡有其分類結構，如撲克是 54 張牌（加上兩張小丑），而塔羅的結構是 78 張牌，分成大、小牌的分類方式。

　　也就是說，牌是一種象徵，並不全然只有對錯的答案。當問卜者依其運勢能量而抽到相應的牌之後，占卜師會藉由圖卡的意象，解釋牌卡的意義，讓問卜者聯想與參考，以達到趨吉避凶或及早應對的效果。

塔羅的功能與效用

　　一、問事功能：當占卜者對未來尚未發生的事情有所疑慮，則可以透過占卜來判定可能的吉凶，提早做出因應對策。比如，同一個季度，只能花費時間在一個客戶上，如果同時有三個客戶的提案，藉由占卜可能可以拿到最有利於工作的提案，減少浪費時間或試誤的可能性。

　　二、心理分析：占卜對於當事人來說，有如一次心理對

談，牌卡出現的哲學觀會和問卜者之間產生一種討論式的互動，我們可以藉由牌來更了解我們自己。比如，當你問一段戀情，理當出現代表感情的聖杯牌，卻一直出現代表財富的錢幣牌，象徵當事人對這段關係的定義更多是物質的或世俗的。在此沒有批判，只是說明情況，讓當事人對在進行中的事有自我價值觀的思考與理解。

三、靈修功能：塔羅的每一張圖有其色彩和圖案，有一些靈修和神祕學者，可以藉由觀看牌或冥想牌，進入牌的意象中，藉此得到作者想要說明和提供的哲學。東方古代也有觀畫冥想的修練法，西方則是用塔羅牌，提升自己的意識層次。

四、遊戲功能：塔羅的結構其實與撲克類似，塔羅中的 56 張小阿爾克納牌拿掉 4 張騎士，正好可以跟 52 張撲克相對應，兩種之間明顯有著傳承關係，但誰發明的更早，目前沒有確切的文獻支持，一般來說，撲克流行的比較早，也可能是塔羅的創作者們延伸了撲克的結構發明了塔羅。而既然撲克主要做為遊戲使用，那麼塔羅也有此功能，近代也有台灣人發明塔羅桌遊。而西方也有發明類似於用塔羅說故事的遊戲，如愚人之旅。

五、觀賞收藏：以目前世界各國發行的塔羅種類的量，少說有千種，雖然以教學神祕學和傳播密教文化為目標的，仍以金色曙光協會（Golden Dawn）傳承的萊德偉特牌（Rider Waite）和克勞力托特牌（Thoth Tarot）兩副為主，但其他如貓咪塔羅、魔戒塔羅、史奴比塔羅等，雖並不強調占卜功能，但仍有許多人願意收集各式各樣的塔羅，擺起陣來琳瑯滿目。

最後，要說明的是，塔羅做為一個占卜諮商的工具，它不必然需要跟魔法和神祕學掛勾，你不需要祈禱或做結界、魔法陣就能使用塔羅，對我來說，塔羅更多的是自我對話的工具，幫助我在決策時更有參考基點，以獲得最佳答案的過程。

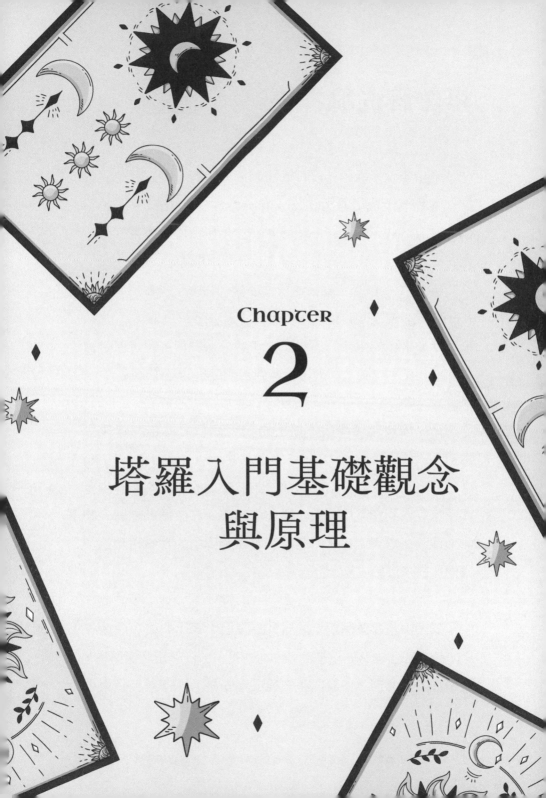

Chapter

2

塔羅入門基礎觀念
與原理

塔羅牌從哪裡來？

　　確切來說，塔羅並沒有被記載來源，有一種說法是義大利的北部有一條塔羅河（Taro River），在 15 世紀甚至更早的時候有一些工廠和牌卡創作者在此地研發牌卡並且大量印製，從這裡流傳出去的占卜牌卡的形式，被稱為「塔羅戲」（Tarocchi），後來，就被簡稱為塔羅（Tarot）。根據文獻，早期塔羅的確流行於義大利北部和法國南部。

　　至於塔羅的學術起源說法，大致分為四種，也可能是綜合來源，由某位義大利神祕學家整合成最早的塔羅形式。

　　一、埃及起源學說：提出的學者認為，塔羅的圖像類似於埃及的壁畫，而埃及文的念法中有 Tar（道路）和 Ro（王），正好跟塔羅的音一樣。雖然早期的塔羅圖像鮮少有埃及文化內涵在其中，但埃及文化的確深深影響著歐洲人的命運觀，在塔羅中也有所體現，如偉特牌中的女祭司和獅身人面獸都來自於埃及文化的傳承。

　　二、中國起源學說：歐洲有許多對中國古典文化的愛好者，據說在唐朝有一位禪師名叫「一行」，佛學根底深厚外，還精通各種命理，他發明了一種「葉子戲」，即在葉子大小

的木板上畫上故事和圖像，藉著講述圖像中的故事和哲學，幫來佛寺的信徒們解惑，此種解讀圖卡的形式，據說後來輾轉傳到歐洲，被模仿改良，成為後來塔羅的前身。

三、猶太起源學說：猶太教是相當早的信仰文化，其中對於占卜和神祕學的研究是有被記錄的，它們相信上帝，同時也相信命運的安排與神祕事件的啟示，他們有著用烏陵與土明（Urim and Tummim）占卜的記載，占算對他們來說是被接受並且淵遠流長。而塔羅牌中有 22 張大阿爾克納牌的結構，正巧對應了猶太教希伯來文 22 個字母的結構，可以用來對應、理解和解釋。

四、印度起源學說：至今為止，印度的某些地方仍然把人分為四個階層，執行種性制度，分別是代表管理層的權杖、代表祭司宗教層的聖杯、代表法律制度面的寶劍和以財富和管理為目標的錢幣。正恰好對應了塔羅中的小阿爾克納牌，分成了權杖、聖杯、寶劍、錢幣四組。

我們大概可以推測，塔羅小牌跟印度文化傳承有關，但大牌則應該不是從印度來，可能是藉由希伯來文或埃及壁畫研發。由此可知，塔羅發展之初或許是由博學多聞的神祕學家，將幾種學問整合並研發了現代流行的塔羅形式。

目前確切的塔羅歷史，有幾個重要的歷史傳承，首先是目前出土最古早，並具備完整形式的是 1450 年的維斯康提（Visconti）塔羅，他具備大牌、小牌、宮廷牌的形式，並且明確的稱為塔羅。

　　另外，就是 1887 年創立的神祕學協會「金色曙光協會（Golden Dawn）」，這個協會其實不是為了塔羅而成立的，它是個魔法和基督密教組織，研究魔法、煉金術、卡巴拉、催眠等神祕學，關於命理技術，則研究占星術為主，塔羅是其研究的一個項目與分支。但此協會發展期間，會員偉特騎士研發的偉特塔羅牌和克勞力研發的托特塔羅牌，成為此後教學塔羅的公定版。

塔羅的運作原理

　　這將是本書最重要並最有價值的章節，請讀者細細研讀。

　　塔羅牌為什麼會準？

　　首先，需要確認我們的潛意識中擁有預知功能，一般人所謂的靈感和巧合就不說了。從催眠研究和阿卡西紀錄研究中，我們的確對未來具有影像能力，也有許多人有做過預知

夢，在子玄教學的統計上，做過預知夢的同學大概占了1/10強，而且這個預知夢不是夢到棺材等於升官發財這類的折射的夢，而是你夢的事情實際的發生在未來的生活中，讓你在發生的時候產生了「既視感」的神奇現象。

而這種預測的能力，每個人都擁有，極少數的人擁有主動使用的視覺能力或靈感能力，其他人則需要工具才能顯示出來，這不管在東西文化中，人們都極想要擁有這個能力，因此東方發明了卜卦，西方發明了塔羅，長遠的運用說明了占卜的準確性，因為不準的工具畢竟是會被淘汰的，塔羅發展歷史幾百年確定是有的，易經卜卦更是兩、三千年的歷史。

現在，我們知道潛意識中本具備預測未來的功能，但是如何預測的呢？首先，潛意識有許多的功能，跟預測有關的有幾項：

一、記憶功能：潛意識中記錄了所有你做過的每一件事，分門別類的儲存著，有些心理學家認為紀錄鉅細靡遺到胎內都擁有記憶。

二、自動化功能：潛意識會把生活中的一切自動化處理，這是為了降低繁瑣的思考耗能，比如你一旦學會了打字，你就不需要每次看著鍵盤才能執行手部的動作了。

三、統計分析功能：潛意識記錄人類的微表情反應，有時候表意識沒有發現的表情動作，潛意識在日積月累的生活中是知道的，所以我們會自然喜歡某個朋友，可能是因為潛意識看到對方瞳孔放大，但你的表意識可能不知道這個心情的由來。

四、慣性反應功能：當我們被打的時候會很自然的逃跑，不會去碰觸電器，或看到喜歡的人會臉紅，都是潛意識的慣性的自我防衛機制。

以上，「潛意識」的功能幫助我們預測未來，比如，當小明問：「我跟小美有沒有交往的可能？」潛意識便開始分析，小明和小美接觸和相處的時候，小美的反應是喜歡和討厭，也分析著小明每次追求女孩子的慣性，並且對下一次的見面做出推測，像一臺電腦一樣密集的計算之後，推算出能交往或不能交往的答案。這裡面的答案，是經由小明十幾年的記憶統計，在不改變自我性格和慣性的情況下，基本不會改變，因此，準確性極高。

由小明和小美的例子，我們可以知道，兩人必須見過面或相處過，小明才有足夠的小美行為資料可以提供潛意識分析，一般心理學家認為，此種潛意識統計分析，大約只要 40 秒到 5 分鐘的時間便完成了，依據不同人的人際豐富度而有

差別。因此，在一次的約會之後的占卜，準確性基本極高。所以，我們需要建立一個重要的概念，你問的問題最好你的潛意識擁有相對足夠的資料。

那麼，很多人會問廣泛的問題，比如：「我明年能不能交男朋友？」這個問題也是有準確度的。這需要往深一層的集體潛意識說明。

「集體潛意識」擁有我們人類甚至地球、宇宙的所有意識資料的總和，你能到達集體潛意識的深度，跟你個人的修練和修行有關。對一般人來說，我們無法問集體潛意識的問題，比如地震、颱風、樂透彩，甚至足球比賽哪一隊會贏，這是因為我們不具備清醒的進入集體潛意識的能力。

進去集體潛意識的關鍵，是要有接近無心的道心，而既然無心的人，就不會問集體的問題，因此，問者有心不會準，準者無心不會問，這也就是為何從古至今沒有占卜師預測準了每年有幾次颱風或地震而出名，因為這不是我們擁有的能力。但，偶爾會有人耳鳴有地震、夢到颱風或災難，那為什麼會準呢？這是因為做夢是無心的，但是做夢卻是不可操控的，你這次夢得準，不代表下次還夢得到。

占卜是無法問集體問題的，只能問自己的問題。但依據你的需要，集體潛意識可以提供你答案，比如我有一個學生問：「三個月之後要綠島旅遊情況如何？」當時抽到了寶劍3，一張背景下雨的牌，當時我們並不知道發生了什麼事情，

只知道應該是去不成，結果出發的前兩天，颱風警報，他們只好被迫取消行程。

在這個案例中，牌諭示了颱風，但我們不是直接問會不會有颱風，而是問我們自己的問題，集體潛意識因為你的需求提供你答案，你並無心得到颱風的消息，但是卻可以得到無心的答案，這是集體潛意識運作的方式。

權限問題和價值分析系統

最後，我常提醒學生，占卜問題只能問自己的問題，不要問別人的問題，原因之一是潛意識其實是有各自的權限的，試問，如果我們可以侵入別人的潛意識得到答案，那麼我很容易進入某上市公司董事長的潛意識中，我就能得到該公司股票的漲跌，這是有可能的嗎？許多占卜師不明所以，總是詢問不相關的人的問題，其實抽到的牌既沒有潛意識的統計效果，也沒有集體潛意識提供的答案，所以時準時猜，只能當作笑話。

另一個占卜要當事人抽的原因，是因為「價值分析系統」。每個人的價值觀不同，每個人對於快樂的感受也不同，你的痛苦不代表別人也痛苦，所以，當你抽的牌代表你

的小孩交到壞朋友，你小孩抽卻顯示這是個講義氣的人，原因是你們兩個看的觀點根本就不同，那麼，哪一個是準的呢？

再講一個更實際的例子，小明大學畢業要去找工作，找到的工作薪水三萬元，對他來說很快樂，覺得薪水很好，抽到一張有錢的錢幣 8。但對於他的企業家哥哥來說，薪水二萬代表的是貧窮沒有發展性，抽到了一張財務低潮的錢幣 5，但實際去工作和體驗生活的是小明，這副牌對小明有意義，對他的哥哥其實並無意義。

其他的例子還有鄰居吵架的夫妻，你抽牌覺得他們會離婚，那是因為如果你是他，你會離婚，這是你的價值觀，事實上，他們或許就是喜歡拌嘴的人生，根本不會離婚，那麼你的占卜並不具備別人生活中的準確度。所以，請不要問別人的問題，那不關你的事之外，經常沒有準確度可言。

最後，附帶一提的是，許多人喜歡問另一半在想什麼？或另一半有沒有外遇？如果你的問法錯誤，那麼你得到的答案將會是你的表意識的投射，因為你無法進入另一半的潛意識去得到答案。

但這不代表你無法得到答案，你得問對問題，你可以問的是：「我跟另一半的感情未來發展？」基於潛意識的法則，你問跟自己有關的問題，基於你的需求，集體潛意識提供你素材，這裡面就包括了對方的可能性，如果牌面上出現了三

角關係，那麼，你就知道怎麼回事了。也就是說，占卜無法潛入別人的潛意識得到答案，但是可以問兩人的交集，以自己為立場來問問題。

塔羅適合的問題、禁忌與儀式

塔羅解答的問題，大多跟你自己有關，舉凡你的生活、工作、感情、財務等，一切圍繞著你的問題，關於塔羅牌占卜，我們有以下提醒與建議：

一、人的準備：你最好清醒，腦袋清晰善於分析，解析牌並不是通靈，你需要清晰的邏輯能力，特別是如果你是占卜師，你要替別人占卜，可不是靠靈感解牌，是靠學術理論解牌。

二、什麼事情不要問：基本上跟你有關的問題都可以問，但如果你還沒有準備好內在的智慧與韌性，那麼以下幾個問題，我會建議不要接觸：

① **健康的問題：**醫療發達的現代，我們還是建議去看醫生，以免占卜解讀錯誤導致延誤就醫。

② **生死的問題**：關於死亡，我們並無法確認，但卻會製造許多恐慌，所以不需要詢問。

③ **投機財的問題**：舉凡股票、樂透彩和賭博，基本都不準確，因這是集體潛意識的問題，反過來想，如果這個會準的話，你就看不到這本書了，因為我早就環遊世界去了。

④ **極端的道德問題**：比如殺人或搶劫，違法的問題請不要幫人占卜。至於墮胎，則可能造成占卜師強烈的心理負擔，所以建議不要。而外遇是否是可以詢問的，三角關係我覺得是現代人常見的問題，占卜師們可自行決定，這方面我沒有意見。

三、時間的禁忌： 在古代習俗中，認為黃昏 (17:00-19:00)，交日 (23:00-01:00) 這兩個時段不要占卜，這是屬於陰陽交界的時間。

四、地點的選擇： 占卜地點請選擇安靜，可討論問題，讓當事人宣洩情緒或靜心的地方，夜店、餐廳和過度吵雜的場所其實會干擾潛意識的運作。雖然不見得會影響占卜的準確度，但問卜者不專心聆聽答案，占卜就無法提供給他最好的幫助。

Chapter

3

塔羅大阿爾克納牌

魔法師

· THE MAGICAN ·

THE MAGICIAN.

☼ 基本意涵

　　魔法師是創造者，他可以從天地間汲取能量用此創造，也可以隨著環境的需求變化，製造出對自己有利的局面，以達成目標與想望。

☼ 符號象徵

　　桌上的四元素器物： 一切工具都已經替你準備好放在桌上，隨時等著你使用，代表智慧的寶劍、感情的

聖杯、財貨的錢幣、行動的權杖，聰明的魔法師不是憑空想像，會用自己熟知的技能創造優勢，達到想要的結果。

右手魔法杖指天、左手指地：學習順勢而為，將天上的單純能量，化為地下的繁複能量。

無限大符號：魔法師是第一張牌，代表開始，這個開始是無限循環的一部份，是無限的可能性，他祝福了開頭，而結局就需要你自己去創造譜寫了。

蛇環腰帶：在煉金術中，蛇的頭咬尾，代表無限的循環，自食其身，自食其果，自我體驗，但凡還沒創造之前，我們都不知道將會創造什麼？而一旦開始了，我們就體驗了我們的創造，如人飲水，冷暖自知。

✿ 基礎解讀

魔法師是一張光明、正向、創造性體驗的牌，善用你所有的知識和過往的經驗，去做就對了。

事業：你可開啟一段新的工作方向，運用你所有的才能，創造未來的可能。

感情：可以行動了，這會是一段具創造性的感情，你們將會豐富彼此的生活。

財運：財運是好的，但你仍須運用頭腦和技能，才能賺取金錢，想怎麼收穫，就得怎麼栽。

學業：學習很有靈感，具有啟發性與創造力，努力學習

會獲得好成績。

☆ 逆位解釋

　　當魔法師逆位時，代表能量卡在了上半身，一種不順暢的感覺，可能是你沒準備好或太過急躁，你根本還沒有熟練技巧，導致你無法達成你的願望。建議你重整腳步，檢視環境、趨勢和自身的條件，現在不是冒進的時候，審慎前進，會為你帶來好機會。

☆ 塔羅魔法

　　當你要開啟一件新的事物時，正好抽到了魔法師，你便可以用這張牌冥想，想像一切都非常的順利，達成願望將是水到渠成之事。

高位女祭司

· THE HIGH PRIESTESS ·

THE HIGH PRIESTESS.

✴ 基本意涵

　　女祭司是聽取智慧的象徵，靜坐高臺，冷眼看待事件的發生與變化，四季自然會流動，不需要你的努力，事情自有命運的安排，等待，是目前最好的決策。

✴ 符號象徵

　　埃及月神冠：埃及月神是人類命運的創造者，給予祝福並安排，聽取智慧的方

法更像是相信智慧，上天自有安排，無須你過度行動。

埃及黑白柱：Boas、Jachin，表面上代表的是陰陽相濟的存在，實際上是說明你的命運被強力的建立於當下。

手中的卷軸：TORA(H)，是猶太教關於人類命運的指引或教導之書，象徵著你的命運已被撰寫在命運之書中，聽從指引，你將獲得提升。

石榴布幔：布幔隔絕了背後河水的能量，代表著我們應該要背離情緒和潛意識的控制，讓內在保持靜定，猶如原初的處子，石榴是處子的果實。

☼ 基礎解讀

女祭司是一張提醒你放下期待與情緒，好好的專注於當下的牌，如果你正處於鬥爭、亢奮或失望等各種情緒中，這張牌提醒你，冷靜下來，你會看清局勢。

事業：此時，你不適合做任何的行動，靜待，將會有適當的安排出現。

感情：保持冷靜，單身者不要躁進告白，有伴侶者需要安定於現在的關係。

財運：女祭司不象徵財運，但如果你願意等待，你會發現，當別人在損失的時候，至少你不投資就不會失敗。

學業：保持穩定的學習步調，不要想一步登天，你將可以在最後獲得成果。這是一張對學習神祕學特別有能力的

牌，靈感和才能兼具，學習事半功倍。

✿ 逆位解釋

當女祭司逆位時，智慧女神將不再傳遞訊息給你，你失去了內在的指引，顯得興奮或慌張。偶爾，你會獲得短暫的好處或快樂，但因為偏離了命運的軌道，長久而言，你將會失去自己應有的地位與榮耀。建議導正自己的思想與行為，幸福與快樂的方法是保持正直。

✿ 塔羅魔法

當你在詢問問題，抽到女祭司時，建議讓自己靜下心來，停止所有的行動，請求智慧女神或任何你的信仰，幫助你看清事情的真相，免得躁進的行動帶來不可回復的後果。

女皇

· THE EMPRESS ·

☆ 基本意涵

　　從世界創造之初，女皇就因其繁衍的力量，而受到了尊崇的地位。一個完整的女性是豐富的，她既是照顧者，也是引領者，更是能夠享受自己生活與給出愛的角色。

☆ 符號象徵

頭上的星星：象徵著陰

陽協調，也代表著和諧與希望，12 顆星星，代表著每年的 12 個月，女皇都引領著自然的改變，無論春、夏、秋、冬，她都保持著內在的愉悅。

金星符號：這是占星學的符號，也是女性的象徵，代表著享受愛與慾望、金錢與關係，一位女皇可以自主的掌握生活中的一切。

衣服上的草莓：在此是多產和繁衍的象徵。

麥穗：豐富的農產，象徵著生活無虞與豐收。

樹林與河流：身處於大自然，並且身心順暢。

☆ 基礎解讀

女皇是一張由女性主導的牌，因此，如果是女生抽牌，代表著你掌握了步調，相信自己就好了。如果是男生抽牌，則需要去找尋女性的意見與幫助。

事業：事業是順暢的，你可以掌握自己的步調，做喜歡的事情而得到快樂。

感情：這是一張代表愛情的享受與付出的牌，你可以更沉浸於愛情之中，不過，少數的時候，你因為太過扮演母親的角色，而陷入了一種媽寶的關係中，所以，享受關係，但不要過度耽溺於付出。

財運：豐盛和多產象徵財務上的良好狀態。

學業：女教授對你有幫助，你可以溫和的進行讀書計劃。

☆ 逆位解釋

　　當女皇逆位時，有幾種可能：一是感受到愛與豐盛的匱乏，你覺得生活有點勞累與提不起勁，你需要休息與新的刺激。二是來自女性的反對與攻擊，逆位通常有隱藏的問題，這張牌表示你要去找尋關鍵女性的意見，才能反轉局勢。三是失去掌控的地位，你可能本來是女皇，現在是你退位或轉向時候了，如果不想退位，想重振旗鼓，可能需要另外找尋方法和援助。

☆ 塔羅魔法

　　當你抽到女皇牌時，靜下心來想像你帶著閃亮的皇冠，受到上天的祝福與加持，你的心情愉悅而輕鬆，生活中的萬事萬物和諧的進行著，你沒有煩惱，生活順暢。接著，想像你喜歡的事情正在發生，讓幸福與快樂從內在發生，以讓外在生活創造出來。

皇帝

· THE EMPEROR ·

☼ 基本意涵 ————•

　　皇帝是世俗成就的最高者，代表著社會的權威與穩定性。從有王國開始，人類就嚮往一個英明果敢的領導，帶領著大家前進。許多人也以當皇帝為目標，掌握權力，掌握著人生的方向。

☼ 符號象徵 ————•

皇冠、權杖、金球：這

是個三位一體的象徵，代表著地位、權力和掌握的世界，在事業上，代表著職位、管理權與事業版圖由你牢牢掌握。

埃及十字架：皇帝的權杖以埃及十字架的形象出現，象徵掌握自己的靈魂。

盔甲和紅袍：這代表著戰鬥能力與防禦力，皇帝總得有防備心。

石椅與羊頭：地位穩固，並說明皇帝是領頭羊。當然也是占星學中的白羊座。

遠山：高處不勝寒，除了地位崇高，也代表跟人的距離感。

☆ 基礎解讀

皇帝是一張由男性主導的牌，因此，如果是男性抽牌，代表著你掌握了步調，相信自己就好了。如果是女生抽牌，則需要去找尋男性的意見與幫助。

事業：事業順暢而穩固，請注重世俗價值與企業文化，特別是領導的意見。

感情：皇帝代表世俗的成就、名聲與地位，這通常是男性掌握了主導權，以事業和名分為導向的愛情，偏向於門當戶對，也就是彼此需要對雙方的事業有幫助，才能夠穩定而長久。

財運：財運是穩定的，但建議以事業、權力目標為導

向，有權才有財是這張牌的看法與建議。

學業：男教授對你有幫助，謹記老師訂的規矩，乖巧守本分則會有好成績。

☆ 逆位解釋

當皇帝牌逆位時，有幾種可能：整體上來說，代表地位不穩定，缺乏貴人和人生價值的正確看法，衝勁有限，內心則更顯孤獨。在事業上，可能會被男性的主管或老闆反對或討厭，要記得低調，或暫時不適合提交議案。在感情上，男性代表自己的地位不穩或沒有信心，女性代表著此男不是你的真命天子，或你對男伴並不滿意。

☆ 塔羅魔法

當你抽到皇帝牌時，找個時間寫下你短、中、長期的事業目標，並研究自己的領導和可能需要的貴人。在你睡覺之前，冥想你和貴人握手開心合作工作的樣子，並且積極的聯繫關鍵人士，功利導向是這張牌的建議，也是你應該遵循的方向，做有意義的人際投資，也做正向的意念投射。

教宗

· THE HIEROPHANT ·

✿ 基本意涵

　　教宗象徵著精神世界的最高領袖，其表情雖然冷峻，手勢雖然僵硬，但一切的宗教儀軌他都了然於心，跟隨著教宗的腳步，會帶領你心靈成長與人生成就。

✿ 符號象徵

聖父、聖子、聖靈三合一：教宗帶著三重冠和衣服

上的三重十字架，均代表著他是合一的人並且擁有教會權力認證的權威，冠上的三根釘，則象徵著上天的認證。左手握著三重杖，說明他可以帶領你成爲三合一的人。

右手的手勢：帶來上天的指示，他會給你天啟與心靈建議方向。

穿著牛軛服的教士：玫瑰代表熱情，百合代表純潔，牛軛服代表替上帝耕福田的服侍者，兩位教士象徵著團隊行動與分工，他們尊崇教宗的領導。

金色鑰匙：開啟內在世界與心靈意識的鑰匙。

☆ 基礎解讀

教宗是一張精神領袖的牌，代表著你需要尋找一個貴人或前輩來指引你，給你心靈的建議，他的世俗地位不見得高或低，但給予你的支持與建議絕對貼心。

事業：此時，你需要的是貴人與團隊，不要單打獨鬥，不要獨自瞎闖，要尋找幫助，最好有個歸屬和派系，保你事業穩定。

感情：你需要一個介紹人，你的對象可能來自於某團體。你和你的對象需要共通的精神方向與宗教信仰，甚至你們一人是精神導師，一人是跟隨者。

財運：在堅持信念的情況下，財運是穩定的，或者你需要跟隨一個貴人，共同富裕。

學業：你目前的學習良好，有對的老師和團隊帶領你。

☼ 逆位解釋

當教宗逆位時，貴人很可能變成了小人，或者你找錯了中間人，他無法給你正確的方向。也有可能，本來你信任的前輩或學者，在這段時間已經無法再給你指引了，學習靠自己邁向正確的未來，而不是依賴他人，你需要找到新的方向或新的精神指引者，持續目前的狀態並無法得到好處。

☼ 塔羅魔法

當你在詢問問題，抽到教宗時，你可以去信仰的廟宇或教堂拜拜，祈求上天的照顧與保佑。如果你是一個無神論者，找到你的信心來源，科學也可以，新時代的心靈導師也行，你需要有形或無形的引導，讓你安心。

戀人

· THE LOVERS ·

✿ 基本意涵

　　浪漫的戀人，相依相偎的伴侶，在戀愛的時候，受到上天和眾人的祝福，是每個人的期望。但仍然有一條蛇，從旁給予不良的建議，導致關係的危機。記得聆聽天使的話語，而不是邪惡的批評。

✿ 符號象徵

亞當與夏娃：一絲不掛的兩人代表著純潔的戀人，也代表他們還在伊甸園的時光，是一段純愛的象徵。

大天使拉斐爾（Raphael）：愛與療癒的天使，說明著每段戀情都是為了療癒彼此而存在的。天使同時代表著上天的祝福，象徵著得到長輩或老天的眷顧。

生命樹：12 片火焰，代表著永恆的生命之火。

智慧樹：4 顆果實，象徵著四元素的智慧。

蛇：象徵著誘惑與邪惡的意見，要小心小人或旁人的偏見，影響感情的判斷。

✿ 基礎解讀

戀人在古典上是結婚或結盟的意象，圖像中的亞當看著夏娃，夏娃看著天使，象徵著身看著心，心看向靈，我們要尊崇靈性的安排與指示，不要被蛇所欺騙，才能得到純真的幸福。

事業：代表著工作的契合度與受到長官的照顧。少數的情況是在工作中找到伴侶。

感情：愛情的順利與快樂，順暢的溝通與眾人的祝福。

財運：上天的祝福，帶來財運的順暢，但這不是一張標準錢財的牌，只能說是快樂的，偏向受照顧的，但錢財的增加卻是不一定的，由於有蛇的關係，不要聽從別人的投資建

議。

　　學業：有夥伴一起讀書或組織讀書會是好的，但沉溺於戀愛的話反而影響學業，要善用感情互相激勵，而不是一起墮落。

☆ 逆位解釋

　　戀人的逆位通常是錯誤的戀人，可能是陷入了三角關係，或地下戀情，不能公開的關係，導致兩人關係不對等。也可能是虛假的幸福。如果愛情抽到這張逆位，真的要小心，明確對方是否單身。在事業上，則代表小人纏身，被長官所忌憚，要謹慎面對工作。

☆ 塔羅魔法

　　跟大天使拉斐爾祈禱，能帶來感情的順利，或讓錯誤的對象離開你。禱詞建議：「親愛的大天使拉斐爾啊！請帶給我適合的戀情，讓我體會愛的對等與溫暖，如果我戀愛運還沒到，請祝福我交得益友。」

VII

戰車

· THE CHARIOT ·

☼ 基本意涵

　　戰士的出征是為了保衛家園，保護自己內在的信念。如同我們每個人，有自己的天命與安排，有自己的信仰與原則，相信自己的道路，勇敢往前便是成功。

☼ 符號象徵

　　頭上的八芒星：終而又始的象徵，人生的努力是不曾停歇。

塔羅教典 · 逐張解密，分項解答，按圖索驥學會塔羅牌 ·

戰士的盔甲：肩膀上的月亮，一笑一怒，象徵著掌握著勝敗的神明正在諭示著一切，出征有其命運的象徵。

伊西斯的翅膀與印度陀螺：翅膀象徵精神或靈魂，陀螺象徵身體，此符號象徵打仗是靠精神帶領肉體。

黑白獅：守護者，同時也象徵擅用陰陽虛實的兵法。

城堡與護城河：保衛家園與背離情感。

☆ 基礎解讀

戰車是一張跟競爭、打拼有關的牌，也代表著當事人正在進行一場天命的旅程，走在正確的道路上，受到天命的加持與照顧。

事業：這是打拼的最好時機，一分耕耘，一分收穫，注意使用方法，要懂得職場和工作上的應對，則會獲得勝利。

感情：你可能有競爭者，但目前你有優勢，請持續努力，要多動腦筋，巧用心機也可以，談戀愛不要傻傻的。

財運：這是一片你可以探詢的豐盛園地，努力工作和拼業績將會獲得豐碩財富的可能。

學業：充滿衝勁，也有好的運氣，趁此機會一鼓作氣拿到好成績。

☆ 逆位解釋

當戰車逆位時，代表這不是你的戰場，這不是你的天

命，過度的競爭是徒勞無功的。黑白獅的倒置也可能是你步調和方法弄錯了，現在不是前進的時候。一種直白的解法是翻車，這臺車子不是你能駕駛的。

☆ 塔羅魔法

當你抽到戰車時，你需要完整規劃自己的策略和兵法，甚至和夥伴推敲、演練，這不是一張輕鬆的牌。你也可以在新月的夜晚許願，做事，有時需要的就是一點運氣，在某個陰曆的初二去土地公廟拜拜，寫下你的願望，充分的表達你的目標，希望上天助你一臂之力。

力量

· STRENGTH ·

✿ 基本意涵

　　這張牌說明我們每個人都會遇到的內在溝通的情況，當我們有不安的內在時，我們需要跟自己好好對話。請觀察這位精神意念無限大的女神，正用無限的耐心與毅力，降伏內在的獅子。

✿ 符號象徵

　　女神：女性的力量，象

徵柔性，被動性與向內尋求的。

無限大符號：象徵著無限的精神力。

獅子：慾望與恐懼。這頭獅子是我們內在永不止息的慾望，需要藉著我們的內在精神力降伏或溝通，才不會導致吞噬了我們的自主權。

✿ 基礎解讀

力量這張牌有三個層次，最低層次是以力搏力，用暴力或匹夫之勇處事，是較野蠻的。最常見的是以柔克剛，用溫柔的力量降伏粗魯的慾望。最高層次是以德服人，用無限的精神力，讓別人自動臣服。

事業：這是需要時間處理的牌，事業難有大進展，你唯一能做的是培養自己的實力，跟自己的內在恐懼溝通，唯有搞定自己之後，才能在之後的事業上有所突破。

感情：這是需要你耐心處理的對象，可能得花上好一段時間的溝通，才能讓對方臣服於這段關係。

財運：現在不是花錢的時候，你需要克制自己購物的慾望，量入為出，不要被購買慾吞噬了。

學業：你似乎不安於室，你需要找到靜心的方法，否則很難專心讀書，那麼成績也無法很快變好。

✿ 逆位解釋

　　力量逆位的時候，代表你被獅子吞噬了，慾望或恐懼吞噬了你，有時是挫敗感，你覺得失去了勇氣或快樂。有時是你經歷了一個挫敗的事件，建議好好重整旗鼓，承認失敗，另起爐灶，東山再起。

✿ 塔羅魔法

　　聽靜心音樂，靜心、冥想，甚至打禪七或去教堂靜心都可以幫助你降伏內心的獅子。如果你還是覺得沒有力量，建議你可以去森林或山裡，讓大自然的力量幫助你釋放恐懼，找到自己。

隱士

· THE HERMIT ·

THE HERMIT.

☼ 基本意涵

　　有時，我們需要靜靜的獨處，點亮心中的燈，找尋自己的方向，不需要嚮導，也不需要世俗的建議，只有跟自己相處，看準你的心靈目標，然後漫步向前。

☼ 符號象徵

　　老人：智慧和經驗的象徵。老人是一位尋道者，但同時也是引道者，你可以去

尋找一個教派、前輩或哲學家的建議，相信自己接受到的訊息，勇敢尋找，往前邁進。

提燈：這是引路的明燈，燈裡面是六芒星的星星，象徵著陰陽整合。燈被放在了胸口的前面，告訴你要用心尋找方向。

冰山：高處不勝寒，此次指的是心靈的高度，跟世俗世界有種距離感。

☆ 基礎解讀

隱士的關鍵概念是「尋求自己內在的道」，他沒有要跟世俗妥協，只想朝著自己的夢想和想望前進。只是這張牌通常代表目前是沒看到答案的，可能還要一段不短的時間，未來才會有達到目標的可能。

事業：還在尋找事業的方向，或工作中有種跟同事間的距離感，做好自己的工作，或堅持方向，有一天，會獲得成就的。此牌不太適合透漏自己的祕密。

感情：目前沒找到適合的對象，有可能會持續單身一陣子，維持自己的人生目標吧！有一天還是會有好的對象出現的。

財運：這張牌沒有顯示錢的象徵，不要抱持太大希望。

學業：成績似乎不見得理想，要替自己訂立計劃，默默執行，直到成功的那一天為止。

☼ 逆位解釋

隱士逆位，通常代表當事人找錯了方向，或者要不到你想要的答案，在感情上建議換對象，在工作上，建議離開或低調。如果是找工作抽到這張牌的逆位，象徵著暫時找不到，可能需要換個找尋範圍。

☼ 塔羅魔法

找個時間，到寺廟中或大自然裡走走，你需要心靈的指引是神祕的力量。找個時間，離群索居個幾天，在大樹下冥想，或許有助於你重獲力量，當然，依據隱士牌的指示，你也可以選在某個夜晚，觀星冥想。

命運之輪

· WHEEL OF FORTUNE ·

WHEEL of FORTUNE.

☼ 基本意涵

　　命運是西方的特有象徵，它代表非邏輯關係的結果，比如沒有耕耘卻收成了。周圍的四聖獸還在學習和成長，幸運之餘，你也不該忘了自我進修。

☼ 符號象徵

　　埃及三神： 獅身人面獸史芬克斯，象徵著命運的守

護者，正在畫面上方，代表你是受到保護的。賽特（蛇），象徵衰敗與毀壞。狼頭阿努比斯，象徵著命運的轉變與引渡。

四獸聖：它們讀的是四福音書，代表四種我們該學習的性格，牛代表臣服，獅代表勇敢與領導力，鷹代表精神提升，人代表愛。

輪子：輪子四正軸的符號是 TAROT，四偏軸 הוהי，是上帝的名字。這代表以上帝之名，運用塔羅，帶給你好運。

☆ 基礎解讀

命運的輪子轉動了，這是緣分的象徵，受到了上天的眷顧，你獲得了好機會，請好好把握，積極的爭取，基於四聖獸的建議，提醒你在獲得運氣和機會的同時，請注意學習心靈成長、愛、領導力與臣服的智慧。

事業：你即將獲得良好的機會，請積極爭取，好好表現，順勢而上。

感情：運勢順利。如果是要詢問對象的人，請把握機會積極相處。如果沒有對象的人，則應該要積極參與活動，增加桃花運，會有好機會。

財運：財運是亨通的，但要小心花錢，不要過度消費了。

學業：學習的好時機，讀書和考試的運氣都不錯，加緊

學習，事半功倍。

☼ 逆位解釋 ————————————————————●

　　命運之輪逆位，有可能是運氣不好的，挫折或被命運打敗。但其實比較好的解釋是運勢還沒到，好運、壞運如同四季一樣是會輪轉的，現在不是積極行動的時刻，請等待好時機的到來。在感情上，命運之輪逆位也可能代表錯過的緣分。

☼ 塔羅魔法 ————————————————————●

　　將命運之輪的魔法陣，如偉特牌上畫的樣子描繪，將你的願望用一張紙寫在中央貼上，找一個新月許願的佳期，然後說：「以上帝耶和華之名，運用塔羅與煉金術的力量，請四聖獸幫我帶來 XXX 的好運。」這是古典的魔法陣，只能用來許正向和光明的願望唷！

正義

· JUSTICE ·

✿ 基本意涵

種瓜得瓜，種豆得豆，因果是如此的平衡，你所努力方向會成為你的註解，你將得到公平的解答。公理和正義在此處彰顯。

✿ 符號象徵

秤：象徵著平衡，代表你的努力將會被公平的拿到秤上來衡量。有時也象徵著

塔羅教典 · 逐張解密，分項解答，按圖索驥學會塔羅牌 ·

法律事件，或政府機構的相關登記。

劍：正義的判決，代表不偏不倚的公正之劍，會及時的執行判決。

紅衣與伸出的右腳：象徵著法律具有積極性，公義需要行動的支持。

紫色布幔：象徵著神祕學的，代表冥冥之中自有安排的意思。

☆ 基礎解讀

正義牌跟法律和正義有關，舉凡訴訟、契約都能得到合理的判決，延伸起來如婚姻、公證或公平的遺產判決也是這張牌所會說明的。

事業：你的努力會獲得公平的待遇，基本象徵是半穩的。但這張牌有時候提醒當事人要小心法律糾紛和契約訂定。

感情：正義是張純理性的牌，放在感情上比較不適合，成功率偏低。畢竟，計較著公平的感情很難發展，但當雙方基於門當戶對的理性思維進行關係時，這張牌代表平衡的交往關係。

財運：收支平衡，損益兩平。但有時候這張牌是請當事人注意法律事件和詐騙，請理性地來看待投機行為。

學業：成績會獲得公平的結果，所以努力多少就獲得多

少成績。如果是讀法學院、財商學院、人力資源等，則是相當符合意象的好牌。

☆ 逆位解釋

　　當正義逆位時，代表不公平的情況，可能是付出過多而未得到相當的回饋，也可能是被老闆或公司不平等對待了。在感情上也代表雙方的付出與所得的失衡，少數情況是自己付出太少而產生了愧疚感。

☆ 塔羅魔法

　　希臘的正義女神是雅典娜，維持著人世間的公理外，更重要的是願意為了正義而戰的心。邀請雅典娜的智慧與戰鬥力，在此，好好的思考自己的平衡點，你是否被公平的對待，重新審視自己的重要性與需求，為自己的未來挺身而出。

吊人

· THE HANGED MAN ·

✿ 基本意涵 ────────●

　　當你知道為什麼而活，當你有自己的內在信念與目標時，你便願意為了更美好的未來而犧牲當下的自由。世俗的枷鎖可以綁住你的生活與財富，但無法束縛你的心靈與智慧。

✿ 符號象徵 ────────●

　　被綁住的吊人：通常代

表殉道者，爲了內在的信念而自願犧牲奉獻。

手綁著和身體形成十字狀、腳打了十字狀：十字架代表著信仰。

紅色的褲子被綁在木樁上：象徵著熱情與行動力被綁縛。

頭發光：象徵著主角的智慧與心靈的光輝，這代表著雖然身體被束縛了，但心靈是自由的，說明著神性與光明。

☆ 基礎解讀

充滿智慧的吊人，基於某種自己所相信的世界觀，把自己綁縛在某種環境中，從他的表情看來是甘之如飴的，因爲他知道自己爲何在此，則他不顯得痛苦。

事業：你的工作遇到了困難，可能來自於大環境的緊縮或公司的困境，但只要你有所堅持，知道自己爲何而戰，則未來也還有希望存在。

感情：你受限於當下的情況，雖然不覺得辛苦。這張牌不利於改變，則單身者持續單身，交往則持續交往，婚姻者受限於婚姻，請安於當下。

財運：偏財沒有，基本財運受限，要相當小心投資，盡量避免多餘的開銷。

學業：目前該是好好專注學業，安於讀書計劃的時候，成績短期間內可能不理想，但假以時日還是會有成果的。

☼ 逆位解釋

當吊人逆位時，代表你不願意受到束縛，但卻無法掙脫，因此產生了痛苦與困境。這是一張失去信念與活在當下的牌，過度的掙扎與胡思亂想無助於現狀的改變，建議你安於當下。因為在目前的情境氛圍對你不利的情況下，你並不會獲得更好的機會，還得等待一段時間，再待時而動。

☼ 塔羅魔法

靜心與冥想是吊人的好魔法，你可以去參加禪七或禪二的活動，學習忍耐與靜心，也可以每周給自己幾個小時的時間，冥想自己美好的未來，則對於當下犧牲的享樂了然於胸，等困局過去了，自然雲開霧散見朝陽了。

XIII

死神

· DEATH ·

✿ 基本意涵

　　一切來到了結束的點，你需要好好的體會這個黑暗和壓力的過程，接受它才能讓它過去，阻擋它，只會讓它存在你心裡更久。

✿ 符號象徵

　　騎白馬拿白花旗的死神：死亡帶來淨化，幫助人類世界獲得新的開始，白玫

塔羅教典 · 逐張解密，分項解答，按圖索驥學會塔羅牌 ·

瑰旗象徵著玫瑰十字會，是爲了潔淨世界而存在的。

面對死神的四種角色：代表四種方法。首先是皇帝，跟死神抗爭，則最先死於馬下，也代表世俗的一切即將結束。接著是教宗，運用信仰面對死神，則可以獲得生命，但你必須恭敬體會死亡。然後是小孩，純眞的面對死亡，則童稚帶給你快樂，將花獻給死神。最後是女士，表面願意接受而內在恐懼，則最終仍被死神給嚇死，手上的花落於地，象徵著最終仍無法體會死亡的眞諦。

太陽下山於兩塔之間：象徵著成就終將落下，黑夜即將到來。

☼ 基礎解讀

死神是很考驗當事人的內在智慧，越是願意接受並體會死亡和結束，則越快邁向下一階段的日出，黎明很快會到來，但在黎明之前，需得體會黑夜。

事業：你的事業正經歷一個高壓期，甚至來到了結束的點。接受當下的情況，如果是壓力則挺過去，如果是離職則接受它，才能快點找到新工作。

感情：感情壓力大或要分手了，積極爭取不會獲得效果，灑脫接受或能找回自己的尊嚴，下一段會更好。

財運：財務壓力重，也可能是某個投資斷頭了，請立刻止損，繼續投資會損失更多。

學業：功課的低潮或可能面臨休學或考得很差，你得痛定思痛，發憤圖強，才能再下一次考試中扳回一城。

☆ 逆位解釋

　　當死神逆位，代表的仍是結束與壓力，但因為你的不接受，事件被延長了。可能是分分合合的感情關係，其實是歹戲拖棚，也可能早該辭職的工作，卻被你拖延著不處理，導致新的未來也不會到來。建議你接受這個結束的點，其實會讓你解脫，快一點邁向新生。

☆ 塔羅魔法

　　哭泣有時也是種魔法，找個朋友或自己獨處也可以，好好的用眼淚釋放內在的痛苦與壓力，直到你覺得夠了為止，然後，對所處的事件做出一個了結，頭也不回的走向新的未來。

節制

· TEMPERANCE ·

✿ 基本意涵

天使跨越了陸地與湖泊，象徵著為兩界帶來溝通的橋梁，保持內在的節制，積極的行動與溝通，謹慎的前進，你將會獲得光明的未來。

✿ 符號象徵

大天使米迦勒（Michael）：米迦勒是智慧天使，代表著精神成長與

智慧提升。

胸口的方形與三角形符號：方形代表土元素，象徵限度，三角形代表火元素，象徵行動，此是節制的眞義，行動在有限度的情況下前進。

雙手的聖杯與流水：象徵著溝通交流，獲得學習的成果與智慧的成長。

腳踏陸地與湖泊：衍伸爲跨海貿易、跨領域的學習、跨部門的研究等。

山路與太陽：代表經過長長的努力可以到達遠方的成就。

☆ 基礎解讀

節制是張豐富的牌，代表你願意接受生活的挑戰，努力的完成自己目標，拓展人生道路，積極學習與成長，將受到上天的祝福。

事業：你的事業將迎來新的發展，但不要捨棄舊的道路，兼兩者而有之，將擴大你的版圖。這也是張海外工作或貿易的牌，你可以積極向外尋找。

感情：良好的溝通交流，將爲你帶來有進展的關係，戶外活動將有利於感情，不要急躁，有計劃的前進將獲得成果。

財運：可能有副業或偏財的機會，如果從事業務工作

的，要積極拜訪新客戶和領域，會增加財富。

學業：考試、讀書或海外留學的好牌，成績的進展則需要按照進度條按部就班的進行。

☼ 逆位解釋

節制逆位，通常代表著不知節制的情況，在感情上，容易成為三心二意的人，可能落入三角關係的景況，要自己好好選擇，不要自尋煩惱。在事業和讀書方面，則有跨不出去，難以發展的狀況，建議檢討自己的計劃表，是否有步驟上的問題，努力改善才能免除逆位。

☼ 塔羅魔法

戶外活動會帶給你陽光與活力，藉由大自然的能量，山、海、湖泊的力量，洗滌你的身心，免除平時累積的負能量，帶給你世俗生活中新的動力。可以的話，擺盆鳶尾花，也會帶來吉祥與豐盛的祝福唷！

惡魔

THE DEVIL

THE DEVIL.

☼ 基本意涵

　　邪惡的引導，魔性的誘惑，看似遵循著公平的交換法則，但其實世俗的一切正在吞噬著你的精神與靈魂。你想要獲得事業、感情與財富，則要付出相對的代價。

☼ 符號象徵

　　倒立的五芒星：代表著肉體控制了精神，智慧倒置的情況。

　　塔羅教典・逐張解密，分項解答，按圖索驥學會塔羅牌・

羊角：潘神的象徵，是戲謔與幻象之神，帶給人們快樂的幻覺，卻嘲笑人們空虛的心理投射。

惡魔左手的火把：點燃你的慾望之火。

亞當和夏娃：長出惡魔的角與尾巴，象徵著背叛了上帝，甘於惡魔的控制，失去了自由的靈魂。

☼ 基礎解讀

惡魔是一張等價交換的牌，只是有時你不知道你換掉了什麼？忙碌著事業的父親可能換掉了跟孩子相處的時光，快樂的情慾生活可能犧牲了事業的黃金期，這張牌不見得覺得考驗，因為交換之物，往往事過境遷了回頭看才知道。

事業：你的事業正處於良好的派系與裙帶結構中，也可能受到長官的重視，但要小心，不要出賣自己的原則與靈魂，否則將來會有苦果。

感情：耽溺於感情的慾火中，享受關係也可能是好事，但要注意對方的意圖，這張牌也有被詐騙或控制的可能。

財運：短期內將獲得財富的增長，但要適可而止，惡魔的賜予通常是短期的甜頭，為了將你拖入無盡的深淵。

學業：你會受到長輩或師長的照顧，但同時也會感受壓力與控制，獲得學位或許沒有問題，但要守規矩，不要鋌而走險。

✿ 逆位解釋

惡魔的逆位，代表精神與慾望的衝突，你感到被世俗控制的心理壓力，也對未來感到不確定，或許想要離開現在的處境，但惡魔卻不會這麼快放了你，更重要的是，享受過慾望的滿足之後，很難回歸平凡，建議你痛定思痛，下定決心離開，拖越久問題只會越嚴重。

✿ 塔羅魔法

惡魔路西弗（Lucifer）原本也是光明天使，但他認為人終究禁不起慾望的考驗，所以適可而止，給自己一個目標，達成之後就頭也不回的離開，是證明自主靈魂的最好方法，冥想白光圍繞與自由的未來，有助你擺脫邪惡、重獲自由。

高塔

· THE TOWER ·

✫ 基本意涵

人生在世，熙熙攘攘，一則爲名，一則爲利。塔的高度，象徵著人生的積累，也是我們累積的名聲與成就，閃電是突如其來的變化，摧毀了我們長久建立的事業與感情。

✫ 符號象徵

塔：單就塔本身而言，

是世俗成就的象徵。

閃電：突如其來的意外，也代表上天的懲罰。

皇帝與皇后：跳樓的兩人分別代表著高塔上的成就者。在先前的塔羅說明中，我們知道，皇帝是世俗成就，偏向事業，皇后是感情成就，偏向感情與家庭，他們兩個的處境，說明了事業或感情被摧毀。

墜樓：將會掉落到地面，代表回歸現實。

☆ 基礎解讀

高塔說明意外的變化，不同於死神的早有預告或壓力漸漸變大，突然你所驕傲和認知的一切都被毀滅，你無法反對的捨棄本擁有的成功與名聲，再次地回歸到一無所有的景況，而如果你懂得檢討，你將從灰燼中浴火重生。

事業：你的事業正面臨重大的轉變，可能是換工作內容，也可能是換公司，更嚴重的可能是換行業，積極的面對變化吧！無論如何，拖延不會帶來好處。

感情：感情突然消失或變質了，從你的角度上來看，這是意外，或許對方忍耐許久或突然變心，都不重要了，你得重啟自己的感情生活。

財運：可能一次的不謹慎，讓你蒙受嚴重的損失，不要投資，這是危險的時刻，你看好的標的，可能隨時傾頹。

學業：別太驕傲於自己的學業與成就，不注意可能會讓

你喪失往上爬升的機會，這張牌雖說是意外，但也可能是你平時疏忽的作息導致。

☆ 逆位解釋

　　高塔逆位，可能是較小的變化或意外，這可能是個警訊或小地震，你得做好安排，往下一個地方邁進，否則大地震來時，就來不及了。另一個可能是，你讓別人意外了，可能涉及無可奈何的背叛與轉變，從主動性來看，主客易位，你從被分手或開除的人，變成提出分手或離職的一方。

☆ 塔羅魔法

　　斷、捨、離魔法可能適合你，找一個安靜的時間，將自己生活上的人際、工作、生活景況用紙筆寫下列表，接著依等級排列重要順序，然後刪除掉等級低的，只專注於重要的事情。有時，高塔的發生，是因為你的意識存量滿了，你花太多時間在無意義的事情上導致的。

星星

· THE STAR ·

✿ 基本意涵

　　天空中的星象運行，顯示人世間事件的吉凶，順行順暢，逆行滯礙，你正處於良好的能量趨勢，順著內在的動力與行星的推進力，事情將水到渠成。

✿ 符號象徵

　　八芒星：終而又始的象徵，七是完整的一周，八

塔羅教典 · 逐張解密，分項解答，按圖索驥學會塔羅牌 ·

是第二個循環的開始。高塔象徵著結束，則星星又是另一次的開始。

天星陣：中間的星星是地球，這是我們居住的地方。周圍的七星是日、月、火、水、木、金、土，古代的煉金術星圖是以地球為中心。

水瓶：象徵情緒的水，倒入了地表與湖泊，代表情緒的動力正在調和表意識與潛意識。

朱鷺鳥：帶來新生、新時代、新局勢的訊息。

☆ 基礎解讀

星星是運勢的加分或機會的增加，他不代表必然的成功，而是說明一種時機，你可試試看，現在的成功機率比較大，他同時也要你注意周圍的訊息，在對的時候運作，總是事半功倍。

事業：事業的順暢期，你該加緊努力，成功的感覺或許不像得獎，但順著流走，會帶來自然舒適的感受。

感情：對單身的人來說，這是談戀愛的好時機，可以多製造戀愛的機會。有對象的，要多製造相處的機會，不要錯過這可以替自己加分的好時光。

財運：財運是良好的，但星星的重點是順暢與自然，所以也不適合太大膽的投資，適當的增加財富就好。

學業：學業穩定，情勢正好，積極努力，則有成就。

☼ 逆位解釋

　　星星牌逆位有如行星逆行，現在不是正確的時機點，很容易錯失機會，也會增加失敗的可能性，這時候做事要花很多努力才能得到成果，甚至沒有成果，還不如等待更好的時機，過陣子再前進。

☼ 塔羅魔法

　　可以參考占星盤，找到月亮、金星或木星對你有利的位置，善用行星的能量，選對日期，增加你成功的可能性。或者，在新月的時候許願，並且開始執行願望中的計劃，星星的重點除了運勢增加外，還在執行力。

月亮

· THE MOON ·

✵ 基本意涵

　　夜晚總是讓人不安的，明亮的月亮照明了前進的道路，同時也喚醒了內在恐懼，潛意識的害怕有如叫囂的狼與狗，在黑暗中擾亂你的思緒。

✵ 符號象徵

　　憂鬱的月亮：代表你的心情，也代表內在最清晰的神性。

螯蝦：從湖中走出，即將邁向陸地。象徵克服潛意識的恐懼，邁向表意識的事件。

狼與狗：混沌不明的情境，也象徵著可能的危險。

高塔：最終是要邁向遠方的成就。

長路：代表克服壓力的過程需要時間，這可能是條漫長的道路。

☆ 基礎解讀

月亮象徵著不安與恐懼，這些不安可能是你想像的，或是你內在的恐懼投射，久了之後，也會累積成現實，不管你遇到的情況是否為真實，唯有一步一腳印的往前進邁開腳步，你才能真正的跨越問題，尋找成就與真相。

事業：你正面臨事業的黑暗期，需要謹慎地往前進，注意敵人的動態，隨時要調整策略，才能跨過這段難關。

感情：感情正面臨著黑暗期，有一些祕密和欺騙存在其中，雙方需得誠實面對，才能解決問題，當鴕鳥龜縮，只會讓事態加劇嚴重。

財運：小心詐騙，這段時間不適合投資，連購物都不是最佳時刻，等過陣子再執行購買或財務計劃，才能免除損失。也提醒要檢視財務狀況，或許有身邊的人覬覦著你的財富。

學業：你總得面對自己不擅長的科目，這是需要埋頭苦

讀，努力一段時間才能有成果的，速成的想法會讓你功課陷入恐慌。

✿ 逆位解釋 ────────────────────────────●

　　月亮逆位帶來的是壓抑，表面情況可能良好，內在的恐懼不安卻沒有消除，但你現在並無精神力量可以面對生活的壓力，稍作壓抑也可能是必要的作為，但時間到了還是得面對問題。

✿ 塔羅魔法 ────────────────────────────●

　　激勵式的自我催眠，可以是面對月亮牌的好方法，告訴自己黑夜過去，黎明就不遠了，你是英勇的戰士，沒有克服不了的問題，你唯一不能失去的是自己的生命與自由意志。

XIX

太陽

· THE SUN ·

THE SUN.

☼ 基本意涵

　　光明與精神的勝利在此彰顯，成功與快樂是必然的，赤子般的笑容充斥著四周，像小孩般的歡笑吧！不要浪費這美好的時光。

☼ 符號象徵

　　太陽：環境適當的應和著美好的景況，太陽的 21 道光芒，象徵著每一張大牌

塔羅教典 · 逐張解密，分項解答，按圖索驥學會塔羅牌 ·

的體驗，快樂來自於真實的體驗，是充分生活之後的表情。

小孩：新生兒、救世主，也代表赤子之心，拿著旗子代表引領方向。

伊甸園之牆：阻擋了黑暗或回到了最初，來到了最原始的初心與期待。

向日葵：面對著小孩，代表環境或助力，你是被關注的，隨時提供你支持與幫助，善用你周圍的人、事、物。

✫ 基礎解讀

如同春天的午后，陽光明媚，風景宜人，小孩快樂的奔跑於四周，由於環境是安全的，大家都很安心，你可以優游於目前的處境中。

事業：事業是光明且良好的，請積極的拓展，好運不是用來蹉跎的。另一個可能是辦活動，建議用快樂的聚會來增加同事間的凝聚力。

感情：感情是快樂的，但是也是活在當下的，這張牌由於是單個小孩，對於單身者來說有享受生活的意思。對於有伴侶的人來說，代表快樂的二人世界，當然，也有孕育小孩的象徵。

財運：財運良好，你的收入可供應你的玩樂，積極賺錢是可以的，但也請正向的使用錢財。

學業：成績良好，考試也會順利，但仍然要努力，過度

的玩樂也可能導致樂極生悲。

☼ 逆位解釋

太陽逆位時，就有如黃昏的太陽，即將消失在地平線，但是餘溫還在。代表情況基本上是歡樂的，但有些美中不足的地方，也可能事情發展到最後要收尾的階段了，不要過度耽溺，以免投注心力沒有獲得應有回報，而感到失落。

☼ 塔羅魔法

選一個充滿陽光的宜人午后，找一個森林或公園，去大自然吸收芬多精，替自己增加光明能量，不見得要低潮才去，在人生快樂與順遂時前往吸收太陽的正能量，可以讓你的好運維持更久。

審判

· JUDGEMENT ·

✿ 基本意涵

　　時間來到了終局，審判的天使到來，依據你的所思、所言、所行，給你判決，是邁向下一階段或是留在原地沉淪，就看你之前的表現。堅持你的信仰，你必當成為你所思的。

✪ 符號象徵

大天使加百列（Gabriel）：加百列是審判天使、末后審判的主導天使。同時，祂也是報喜天使，傳說中把耶穌入胎的消息告訴聖母的就是加百列。

號角與十字旗：十字架符號代表信仰，依據你所相信的接受審判，號角是喚醒，或者代表任何的聲音訊息或訊號。

復活的人：經歷了死亡、喚醒、復活，即將邁向提升。

冰山：心靈的距離感，遠離世俗的。

✪ 基礎解讀

你正從一個階段往另一個階段前進，審判牌經常代表著提升與轉變，有些人對此感到不習慣或不適應，但時局已經不同，好好面對當下的轉變，曙光即將出現。

事業：可能是一場集體的提升或轉變，工作轉型或新的任務，接受安排，你將會進到下一個工作環節中。

感情：感情在轉變，常見的是分手的情侶復合，但也有交往中的狀態被改變，可能是分手，也可能是結婚，總之不會維持現狀。

財運：理財方式將迎來審判，如果你理財的習慣不好，建議你最好放下投資，如果你本來就規劃得不錯，那麼，好的財富變化可能來臨。

學業：考試成績獲得肯定的提升，長久的努力將會有明

確的進步，極端的狀態下，是因爲個人太混被開除，但正位畢竟是好的，也可能有新的工作迎接你，讓你從學生階段邁向事業階段。

☆ 逆位解釋 ───────────────────●

審判逆位，代表期望的轉變沒有到來，可能是復合的希望、結婚的準備、交往的轉變，關係呈現停滯不前，或往不好的趨勢發展。建議你暫時不要有所動作，把焦點回到自己身上，等待事情漸漸雲淡風輕，新的局勢才會來到。

☆ 塔羅魔法 ───────────────────●

審判也適合新月許願，在農曆的初一或初二，寫下你的願望，燒化或埋入土裡。當然，也可以跟大天使加白列祈禱，讓新的趨勢如你所願的來到，改變將會比你想像中的快發生。

愚人

· THE FOOL ·

☆ 基本意涵
（放在此處是偉特的決定）

　　自由的心靈成就流浪的靈魂，拋棄了世俗，卻找到了自己的真心。活在當下的愚者，就算鄰近懸崖也不害怕，他的狗夥伴也將永恆快樂的陪伴著他。

☆ 符號象徵

　　愚人身上的祭袍：愚人的行動基於自由的內在，更

基於靈魂的指引，他身上穿著祭袍，象徵著他無時無刻不與自己的靈性連結。

懸崖：世俗的危險。

狗：對生存、生活等感受的動物性。

白內衣、白玫瑰、白太陽：愚人內在純潔，引領純潔，並看到世界中的純潔。

包袱上的松果符號：代表松果體，是我們內在跟靈性連結的重要器官。

冰山：心靈的距離感，遠離世俗的。

☆ 基礎解讀

愚人代表活在當下的品質，愚人並不被過去所控制，也不去擔憂或期望未來，他只對當下有興趣，陶醉在每一個時空中，將會有良好的內在收穫。

事業：如果你想要世俗的成就，或是找到一份工作，這張牌代表流浪的，很難很快找到長遠的工作，但這個流浪將會有意義，所以暫時不要著急，未來會有安排。

感情：活出自我是好的，暫時不需要別人來打擾，持續單身的可能。如果是有對象的人，代表現狀可能不容易改變，而不期待是最好的態度。

財運：愚人不支持財富，他是一張流浪者或遊民的牌，如果追求財富，他只會告訴你夠用就好。另一個可能是亂花

錢或意外的損失，請小心投資。

　　學業：這張牌有種失去目標或成就的象徵，因此學業成績或考試可能會不理想。有時，也僅僅代表當事人沒有任何準備的打混態度。

☆ 逆位解釋

　　愚人逆位，仍然是沒有計劃、沒有想法，但是卻充滿恐懼的人生。當事人不想接受現狀的不確定，但卻無力改變，也毫無計劃，以至於同時失去自我和未來的可能性。建議你放下一切欲求，暫時安於當下，才可能出現良好的安排。

☆ 塔羅魔法

　　由於愚人跟流浪者有關，所以安排一趟輕鬆自在的旅行是好的，記住，不要太多的計劃，甚至你可以請別人給你隨機的建議，無所目的的流浪旅行，如同中古世紀的吟遊詩人，將會帶給你意想不到的收穫。

世界

· THE WORLD ·

☆ 基本意涵

　　一切來到了結束的點，這是圓滿的，四方的聖靈爲你祝福，你圓滿畢業了，在此刻，檢討並接受你已經完成了階段性的任務，然後，邁向下一段旅程吧！

☆ 符號象徵

　　蘇菲女神：象徵著靈性與智慧。在最後一張代表完成的牌中，蘇菲女神帶來你

靈魂功課完成的消息。

四聖獸： 在命運之輪讀書的四聖獸，現在變成了彩色的大頭。代表我們學習的臣服、勇敢、精神提升與愛，在此功德圓滿，檢討一下自己完成了哪一項吧！

桂冠： 圓滿、勝利的象徵。

以無限大符號綁著的緞帶： 代表著圓滿之後將會邁向下一階段的開始，世界是沒有終結的。

☆ 基礎解讀

世界位於大牌的最後一個位置，象徵著完成，同時也是圓滿，無論如何，你都得放下了。抽到這張牌，大部份的情況是安心，少數的情況是當事人不捨得結束，但已經打烊的遊樂園，你也只能出站，邁向下一個旅程。這張牌有時代表著國外的緣分，世界代表著世界各國。

事業： 工作或事業是圓滿的，貴人很多，一切順利，這種情況可能維持一陣子，直到你下一個人生功課來臨。

感情： 感情來到了完成的點，可以是結婚。但這張牌不見得都是結婚，也可能是分手或離婚，或是兩人不聯繫了，因為緣分已經完結。

財運： 財運是良好的，但也透漏著是否該獲利了結的象徵，畢竟這張牌象徵著一個階段的結束，要小心現在不處理，之後情況急轉直下。

學業：功課表現良好，如果你正好要考試或考研究所，應該會功德圓滿。

☆ 逆位解釋

世界牌逆位，代表未完成或不圓滿的意思。事情還不到結束的時候，不要輕易放棄，還有機會，你可能缺了臨門一腳。有時，也代表無法圓滿的象徵，有些人，有些緣分總是無法強求的，不完成是當下最好的狀態。

☆ 塔羅魔法

可以是看場電影，可以是看本異國文化的書，或是去酒吧認識外國的朋友，世界牌會建議你打開視野，用不同的文化，打開你的新能量。如果你是東方廟宇的信徒，去教堂走走或許會打開你的新視野唷！

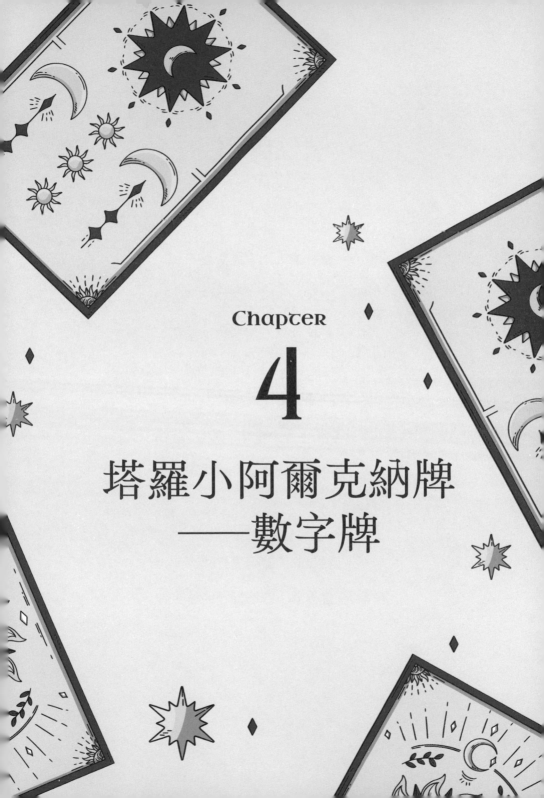

Chapter

4

塔羅小阿爾克納牌
——數字牌

權杖牌組

權杖是火元素的象徵。

權代表權力，當權杖牌組正位時，

代表你擁有行動和選擇的權力，

反之，當權杖牌逆位時，

你喪失了決定權。

杖是生命樹，每根權杖上面都有樹葉，

象徵著仍在發展中的事件。

★

權杖的關鍵詞是行動，

持續前進貫穿了整個權杖的數字牌。

權杖 Ace

新發展

ACE of WANDS.

✿ 基本意涵

權杖的起始牌,是強而有力的開啟,有如火炬一般照耀著前行的路。命運的康莊大道之門已經爲你打開,只要邁開腳步,你的劇本由你自己撰寫。

✿ 符號象徵

雲端伸出的手:這是掌握權力之手,代表掌握自己生命的自主權。也有說是天

神宙斯之手。

緊握權杖、大拇指向上：掌握自主權，並且事情向上發展。

樹葉：權杖上的 10 片樹葉，象徵著卡巴拉的數字，凋謝的樹葉象徵著事情不斷的推進，汰舊換新。在此特別說明著，開始就蘊含了全部答案的可能性。

遠方的城堡：安全感與擁有堡壘的意思。

☆ 基礎解讀

權杖 Ace 基本上是同意的象徵，同時也說明你準備好行動了。唯一要注意的是自己的初心，搞清楚為什麼要行動，一開始的意念和思想，將會決定你能走多遠還有最後的結局。

事業：這是很好的開始，你掌握了方向，也可能是掌握了權力。或者，這張牌單純強烈建議你去執行你的議案。

感情：行動是最好的感情表達，這張牌無須言語的表達，可以邀約一起戶外活動，爬山、唱歌或聯誼，都會幫你獲得良好的機會。

財運：財運是好的，但你還是得行動才有辦法獲利。

學業：讀書方面藉由強烈的執行，可以幫你獲得良好的成績。如果是考試的話，目前的讀書計畫是對的，你將能考上或獲得證照。

☆ 逆位解釋

權杖 Ace 逆位的時候，代表事情向壞的方向發展了，也可能是你失去權力或失去方向，暫時建議不要行動，或不要把計畫浮出檯面。這張牌的另外一個看法是地下化的，比如暗箱操作或地下司令，不要讓自己曝光會是好的。

☆ 塔羅建議

幾乎可以不用想，依照直覺行動會是好的，不要帶著強烈的目標性，只求把自己表達好，也可能是好好的體驗旅程，比如跟喜歡的人出遊，關注的焦點是好好的享受旅程，而不是把焦點放在對方身上，那麼你就會受到青睞。

權杖
2

選擇

☆ 基本意涵

　　城主站上了自己的高樓，看著遠方，思考著是要待著享受原本擁有的一切，還是應該去探索更廣大的世界，選擇沒有好壞，只是考慮哪個體驗是自己更想要的。

☆ 符號象徵

　　左手的權杖：代表想要離開行動的想法。

城堡上鑲著的權杖：代表想要留下來的想法。

右手的地球：想要探索的世界。

城堡與家徽：站在鑲著紅花與白花交錯的家徽城堡上，象徵著你已經擁有一定的成就與地位，或者你擁有自己本然安全的狀態。

城外的莊園與大湖：城主所擁有的腹地，也代表目前狀態的安全。

☆ 基礎解讀

權杖 2 是你在考慮該積極行動還是保守行事，目前的狀態持續下去並沒有不好，只是日復一日難免覺得沒有挑戰。冒險挑戰未知的世界，雖可能有危險，但也可能會獲得更大的獎勵。

事業：如果你正在考慮換工作或要不要前進爭取自己的權益，這張牌說明考慮清楚之後，你便可行動，前進和不前進都是安全的。

感情：可以考慮邁向下一個階段，這張牌並不保證成功，但保證有新的體驗，如果你覺得前進是你輸不起的，那麼你可以等待下一個更好的時機。

財運：雖然權杖不代表錢財，但這張牌對目前的生活收入是可預測的，也提醒你可以進入下一階段的財富挑戰。

學業：學業穩定，你可以持續穩定前進。如果想要再進

步，你可能需要進一步的計劃，比如補習或旁聽新的課程。

☆ 逆位解釋

權杖 2 逆位，代表你失去了選擇的權力，你可能是被迫改變的（離職或分手），也可能是被迫不能改變，變成想離開而不能離開的人，無論是基於人情或財務考量，目前的你對生活沒有自主權。

☆ 塔羅建議

生命的選擇有時並不代表吉凶，它只代表不同的體驗，你選擇了待在原地，有待在原地的安穩，你選擇了冒險，有冒險的刺激與成就感，就如結婚有結婚的好與壞，單身也是，享受自己的選擇即是。

權杖 3

等待

✵ 基本意涵

　　這個商人跟人合夥做了一單生意，約定的時候快要到了，他站在高地望著大海，觀望著來往的船隻，並等待著派出海貿易的自己的商船回航。

✵ 符號象徵

三根插在土中的權杖：在主角的身後，代表已經做過的行動。插在土中，代表

目前並不行動。

望向海洋的商人：從裝扮上來看，綠色的披肩，格子狀的斜背包，代表著你曾經準備的一切。

高地：站著優勢或是你擁有清晰的角度可以觀望整體局勢。

☼ 基礎解讀

權杖 3 是一張觀望與等待的牌，目前的情況並不成熟，屬於你的機會還沒到來，妄動的話，不只不會成功，可能還會有所損失或身陷危險。這張牌也提醒你在不久的將來，看準時機或製造時間是要行動的。

事業：這是一個培養自己能耐和觀望局勢的情況，並不適合妄動，過一陣子再占卜是否有更好的時機。

感情：暗戀或默默觀察對象的牌。權杖 3 雖然不建議立刻行動，但提醒你要觀察情勢，適當的時候要獻殷勤和表現自己，才能獲得交往的機會。

財運：這不是投資的好時機，不要羨慕別人賺錢，現在入場就失去了布局的機會。

學業：好好讀書，你的實力還不夠，還輪不到你表現的時候。

✿ 逆位解釋

權杖 3 逆位代表你失去了自己的優勢，也可能是你站錯山頭了，這不是你該觀望的地方，比如選擇職業或對象，這說明你找錯了，花了時間也得不到你想要的，所以換個職業或對象可能會更適合你。

如果你想要用時間換取空間，以為耐心等待會有效果，這張牌逆位通常只換來一場空，及早放棄吧！

✿ 塔羅建議

等待有時是必要的，就像準備考試一樣，聯考那天還沒到，你也不可能提前進考場，你所能做的就是準備好一切。感情也是，你得準備好美好的自己，那麼有一天蝴蝶來了，你便有了最甜蜜的接觸。

權杖
4

慶祝

☼ 基本意涵

類似於結婚的牌，但也可以是慶祝新居落成的，兩個人面對著畫面跳著舞歡迎著眾人，偌大的城堡，結花與葉的權杖，都代表現階段的穩固。

☼ 符號象徵

4 根權杖： 就像桌子有 4 隻腳一樣，4 是最穩定的象徵。

兩根權杖有花葉裝飾，兩根沒有：代表這個慶祝是剛開始的，並不是完成的，比如結婚，是慶祝婚姻的開始，並不是慶祝戀愛的完成。

城堡：象徵著安全感，也有獲得房子、買房子、得到入學許可的象徵。

慶祝的人群：這張牌通常象徵著集體的愉悅感。

☆ 基礎解讀

權杖 4 基本象徵就是結婚或歡慶會，可能是入學前的迎新，也可能是入職前的聚會，現在的你是穩定而快樂的，慶祝雖然是好的，但不要停滯的太久，畢竟權杖的基本象徵著行動。

事業：你的工作狀態良好，今年會有好成績，也可能是得到一份好工作。

感情：結婚或邁入交往是有可能的，但如果你連對象都還沒有，這張牌鼓勵你去尋找對象，藉由參與朋友的活動或聯誼，都會獲得好機會。

財運：財運良好，基本上是快樂而穩定的，但這張牌不代表賺錢，代表你花得起聚會的錢。

學業：功課良好，應該是可以考上好學校，你得到的成績足以讓你舉辦慶功宴，穩定前進沒有問題。

☼ 逆位解釋

權杖 4 逆位，代表著無法慶祝的，可能是你的工作狀態不穩定，或缺了臨門一腳，也可能是考試準備得不夠，導致最後成績差了幾分，感情上更是找不到穩定感，結婚似乎還在遙遠的未來，現在看不到端倪。

☼ 塔羅建議

慶祝的時候就該好好的享受當下，但不要執著於延長快樂，就像婚宴就是那一天，接下來就要面對生活中的柴米油鹽。慶功只是邁向人生下一階段的起點，可以享樂，但你得繼續行動和成長，才不會讓人生停滯了。

權杖
5

紛爭

✿ 基本意涵

　　混亂的節奏，意見分歧的群體，各自訴說著自己的想法與做法，主角得整合眾人的意見，運用智慧與定見領導大家，才能夠突破此一困局。

✿ 符號象徵

　　每個人穿的衣服顏色樣式不同：每個人的想法不同。

每個人拿權杖的方式不同：做法不同。

穿著紅衣的主角的特殊權杖：這是一根沒有長樹葉的權杖，代表他的想法、做法已經確定，是一個有定見，並且將決定未來發展的角色。

☆ 基礎解讀

權杖 5 基本意涵為爭吵和意見不合的，但在偉特的書中，有一個特殊的解讀是「模仿」，仔細觀察會發現，畫面中的每個人並不是爭吵而猙獰的表情，反而有點像研討，這是這張牌最樂觀的解釋了。事實上，爭吵經常也是互相模仿，如果有一方願意釋放善意，好好溝通，事情或許最後也可迎刃而解。

事業：公司可能是混亂而充滿鬥爭的，你得小心謹慎，以免被鬥倒。如果你是主管，要掌握自己的定見，如果你是員工，要跟對主管的意見，最後的勝利者將是那擁有定見和遠見的人。

感情：競爭者多，而你沒有把握，你得擁有自己的風格和態度，才容易有機會。針對二人關係的話，代表著爭吵的情侶。

財運：財務關係混亂，千萬不要跟別人借貸，也建議檢討自己的理財方式。

學業：學業或考試競爭者眾，要保持自己的穩定性，否

則很容易落敗。

☼ 逆位解釋

　　權杖 5 逆位，情勢從正位的明爭變成了逆位的暗鬥，象徵著暗潮洶湧，你更得注意。有時，說明著檯面下的鬥爭，表面上大家好好的，私底下互相掣肘與不服氣的狀態。

☼ 塔羅建議

　　當我們與別人意見不合的時候，我們有兩種選擇，一種是意氣之爭，鬥個你死我活。一種是截長補短互相學習，或者，我們學習了別人的優點，走出了新的格局，獲得最終的勝利。權杖 5 提醒我們，永遠都要搞清楚自己的核心目標，並且依此堅持下去。

權杖
6

勝利

☼ 基本意涵

　　英雄勝利了，騎馬凱旋而歸，眾人簇擁著，跟隨並擁護著在馬上的人。你目前是勝利而得意的，但也要小心接下來的挑戰，不要得意忘形。

☼ 符號象徵

　　勝利者與擁護者：這是一個團隊，將軍帶兵，反之兵也需要將軍的照顧。

塔羅教典‧逐張解密，分項解答，按圖索驥學會塔羅牌‧

桂冠：代表成功與榮耀，分別戴在主角的頭上和權杖的頂端，榮耀的除了主角之外，還有行動本身。

馬匹的長布：有說是盔甲，但也有認為綠布下隱藏了祕密，有如古典的木馬屠城，要小心隱藏的危機。

☆ 基礎解讀

權杖 6 基本上是象徵成功與勝利的牌，你可以享受這一刻，但是不要失去警覺。這張牌有個蹊蹺之處，勝利者騎在馬上，但所有人的視線都不看向他，而是一致的看著前方，這說明著，眼下雖然是成功的，但前方似乎還有挑戰，要謹慎行事為宜。

事業：即將獲得成功與勝利，但要小心暗潮與危險，你還沒到達目的地。

感情：結婚與贏得美人歸的象徵。如果是問追求方法，這種牌需要眾人的擁護，所以，你得要有陣仗才容易引起關注。

財運：財運基本良好，如果有投資或業務推展的情況，也是會順利，但記得見好就收，太過長期的前進會有危險。

學業：會獲得好成績與順利，但如果這只是期中考或模擬考，要謹慎一點，你可能會在真正的大考遭到滑鐵盧。

☆ 逆位解釋

權杖 6 的逆位，代表失敗與挫折，正位是騎在馬上，逆位等同於摔落馬下，不論在事業或感情上，你都難以獲得成就。這張牌的另一個解釋是，你是在馬下的擁護者，如果認清事實，當好配角，或許你也可以因為勝利者的照顧而從中獲取利益。

☆ 塔羅建議

成功是你努力爭取而來的，你應該要享受榮耀，但人生的劇本是不斷往前的，這個階段或許不容許你過於鬆懈，歷史上許多有名的將軍都是在凱旋和志得意滿時受到暗殺，你得引以為戒。

權杖

7

挑戰

☆ 基本意涵

　　這個勇者正在挑戰這個高地，他試圖讓自己維持在優勢的地位，勝利是可能的，唯有經由努力和奮戰不懈的精神，才能維持自己的成就。

☆ 符號象徵

　　主角的綠色衣服與手勢：權杖牌組的正色是紅色，在此卻是綠色，象徵著

主角想要堅持在這個位置上不動的想法與做法。

高地： 站在優勢對抗著下方的人。

六根權杖： 象徵著挑戰，這邊並沒有畫上人物，代表著挑戰你的可能是人，也可能只是時局或情勢，你得努力，才不至於被打倒。

☆ 基礎解讀

權杖 7 的優勢並無關乎身分地位，如果你是一個主管，那麼你正在接受部屬的挑戰，而你擁有優勢與勝利的可能。反之，如果你是一名員工，代表你擁有跟主管談判的空間與優勢，要堅持自己的定位。當然，挑戰你的不見得是員工或老闆，也可能是這個市場，而這張牌象徵著經由堅持可以勝利。

事業： 你正在經歷一場事業的挑戰，堅持下去，或可成功，如果鬆懈，則可能跌倒受傷。

感情： 如果是追求期，代表追求者眾，你需要努力占有優勢才能成功。如果是情侶，代表著雙方有吵架和氣勢爭奪的情況，你得考慮是否堅持。

財運： 你可能需要檢討自己的理財模式，財務的紀律需要努力而堅持，代表著財務狀態有點辛苦。

學業： 目前的情況還需要堅持和努力，成功會在不久的將來到來。

☼ 逆位解釋

權杖 7 逆位，簡單來說是挑戰失敗或屈於弱勢。在此情況，不是堅持就會有效果的，因為這個戰場不是你的，你不會獲得好處，你可能需要離開此地或另闢戰場才有可能獲得新的機會。或許建議你放棄目前的劣勢，休息整頓、重整態勢對下一次的競爭才有幫助。

☼ 塔羅建議

成功是要有信念的，你需要知道自己為什麼堅持，你到底在爭取什麼？這張牌並不屬於庸庸碌碌的瞎忙者，而是對於目標明確的勇者的肯定，你有自己做這件事情的原因與態度，那麼，堅持下去就會成功。

權杖
8

快速

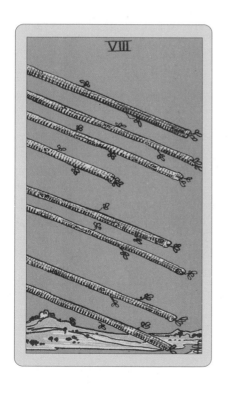

✿ 基本意涵

　　權杖飛在天空上，諭示著事情正快速的發展著，排列有序，目標明確，自由的飛翔，同時也代表著行動即將到達終點，即將迎接完成日的到來。

✿ 符號象徵

　　飛在天空中的權杖：自由並快速的行動。

　　平行排列的權杖：有秩

　　塔羅教典·逐張解密，分項解答，按圖索驥學會塔羅牌·

序地前進。

向下飛射的權杖：代表目標明確，並且很快抵達。

畫面上沒有人物：事情的發展可能並不再是人為可以操控。

☆ 基礎解讀

權杖 8 代表著事情正朝著一個方向前進，而且正快速的進行著，已經不是當事人可以控制的了。所幸，正位代表著方向是你所期望或喜歡的，快一點你也會欣然接受，但這張牌已經是權杖的尾聲，所以你也得開始思考到達目標之後，是否該有下一步的行動規劃了。

事業：可能是需要出差的工作，也可能是關於工作航空旅行或海外貿易事業，這代表著工作正順暢的進行著。

感情：感情發展快速，很快便會有答案，這張牌不見得代表在一起，但如果你想交往，可能得把握時間告白。

財運：短期財運佳，有秩序的理財計劃，是有增加財富的效果的。

學業：學業順暢。如果是考試，可能是考到外地。

☆ 逆位解釋

權杖 8 的逆位，因為權杖仍然在天空中，所以自由和快速依舊，但秩序和目標消失了，在工作中，可能遇到秩序混

亂的公司，找不到自己的方向感。在感情上，可能是雙方的目標不同，導致人生的意見分歧，最後分道揚鑣。這張逆位只有在對於目標和秩序不在乎的人抽到，才算是好牌。

☼ 塔羅建議

　　當事情的前置作業都完成了，運行到一定階段，順利是必然的，你可以在這個過程中觀察事物的發展，權杖 8 其實在說明一種自然的道理，順水推舟，則舟行又快又順，我們要學習如何把事情的發展推到這個階段，然後就可以輕鬆的乘風破浪了。

權杖
9

困頓

☆ 基本意涵

戰事稍停，仍不可鬆懈，躲在屏障中，是因為我們勞累了，但不可沒了防禦的態度，那會引來強大的攻擊，也可能導致兵敗如山倒，在此刻，能停頓、困頓，也還算是好的了。

☆ 符號象徵

戰士頭包著白巾：代表受傷了。可能是不久前為

了某些目標和信念而奮戰導致的傷害，現階段沒有出征的能耐，但防守制止敵人是可以的。

扛權杖：掌握思考的權力，並堅持著自己行動的正確性。

外圍的 8 根權杖：屏障，當事人賴以生存的信念或自我保護，雖說是保護，但同時也是限制，只是目前沒有改變格局的能耐。

☆ 基礎解讀

權杖 9 是一張關於你累了和受傷了，卻不得不繼續現在的工作或生活模式的牌。可能你需要錢或基於某種原因你得堅持目前的景況，你是進退失據的，但在沒有其他更好的方法的情況下，維持現狀，備戰或許是當下最好的選擇。

事業：事業遇到了瓶頸，難以進展，但在還沒找到下一份工作和生活的安全感之前，維持現狀似乎是你唯一能做的了。

感情：你跟另一半似乎爲了某些原則而爭吵，你們互不相讓卻又不肯放棄，事情只能留給時間來解決。單身的人則難以擺脫現狀，暫時得學會好好一個人生活。

財運：這張牌是不可投資的。一般的財運解讀也有捉襟見肘的現象，建議小心理財，用錢謹慎，否則可能會周轉不靈。

學業：你遇到了學習的困境，可能需要努力堅持一陣子，讀書的量變達到質變之後，成績才會再前進。

☼ 逆位解釋

權杖 9 逆位並沒有比正位好，他說明一種「被迫應戰」的情況，你連困守原地，尋求和談的機會都沒有。這是一張受傷的牌，你現在需要的是放下堅持，並且願意療傷，否則可能會越傷越重。

☼ 塔羅建議

人生有時候是會遇到一種情況，堅持的方向和信念走到了盡頭，雖然已經累了，但卻無法立刻放棄。這張牌建議要搞清楚內在的信念，你相信的某個想法，同時也可能困住你，改變信念、想法和做法，或許就可以改變這張牌帶來的「困住」的感覺，需要的時候，你可以尋求朋友或有智慧的人給你建議。

權杖

10

壓力

☆ 基本意涵

　　過度堅持的行動，最終導致了辛苦的生活狀態，你背負了過多的期待與包袱。可能是自己給自己的，也可能是社會或家庭教育給你的，終究，你因承擔太多而導致壓力過大。

☆ 符號象徵

　　主角抱著 10 根權杖：這權杖代表著壓力沉重，主

角堅持的抱著，象徵著自願背負起龐大的壓力。

權杖遮住了眼睛：由於壓力過大，當事人只能著重處理當下的事物，導致看不見未來，也無法想像將來的美好與安全感。

身體往前傾：生活壓力沉重導致步履蹣跚，這將導致當事人被壓力拉著跑，想像你身體往前拿著重物，如果不想讓物品掉下來，你就得順著動力不斷往前，才能讓手中的東西不至於掉落。

☆ 基礎解讀

權杖 10 的主角背負了超負荷的壓力，但這是他願意背的，沒有人逼他一次抱著 10 根權杖，辛苦的前進，甚至連自己的視線都遮住了。這張牌，你得考量你背負的到底是不是真的重要，如果不重要，那麼，就放下他們吧！

事業：事業壓力沉重，要適時的分配工作，否則累垮了身體可不好。

感情：這段感情讓你感到很有壓力，也可能是在關係中過於壓抑而委屈求全，總之，是一段辛苦的關係。

財運：財務壓力沉重，該是檢討自己的理財方法和財務規劃的時候了，這樣背著貸款，能背多久呢？

學業：學業可能跟不上進度，可能得重新安排讀書計劃，考試壓力過大，如果不是非得今年考的話，建議延後。

☼ 逆位解釋

　　權杖 10 逆位有放下重擔的意思，也可能是隱形的壓力，建議檢視一下壓力的來源，如果那不是你人生中該負擔的責任，就把它放下吧！或者，找個方法分散壓力，不要讓責任拖垮你的人生。

☼ 塔羅建議

　　人生中難免有該負擔與不該負擔的責任，比如，重病的長輩，自然是需要照顧的，但如果你把人生好幾年都花在一個人照顧上，還不如有一份工作花錢請看護，就算把薪水都拿去付看護費，但有一天長輩走時你還有工作。權杖 10 提醒我們，總得找方法處理，瞎忙的人生到頭可能一場空。

聖杯牌組

聖杯是水元素的象徵。

水代表潛意識與情感，

當聖杯牌組正位時，

象徵著擁有感情與真誠的愛，

反之，當聖杯牌逆位時，

代表失去了情感的流動與愛的誠意，

可能是空虛或虛假的，

牌面中常出現的水，

象徵著情感的表現形式。

★

聖杯的關鍵詞是情感，

杯子的擺放說明了情緒的狀態。

新感情

ACE of CUPS.

✿ 基本意涵

聖杯的起始牌，代表情感的自然流瀉，新的感情不只是講戀愛，包括你新喜歡的一門學問、一項興趣，讓你心情很有起伏的體驗。

✿ 符號象徵

雲端伸出的手：這是愛神的手，捧著杯子，說明當我們輕捧感情，感情將愉悅的流動。

聖杯：乘載情緒與萬物，是陰的象徵。

鴿子：和平，同時也是陽的象徵，結合杯子說明著愛的陰陽結合。

五道水流：可連結成五芒星的符號，古典上愛神阿芙黛特的象徵。

聖餅：分享與給予，有愛的人自然會願意分享。

蓮花池：象徵著潛意識的純潔。

☆ 基礎解讀

聖杯 Ace 基本上象徵是有愛的情況，你很喜歡這件事情，很自然的進入到愛的感覺中，表達自己的感覺，並且讓整體的狀態更富有創造力，那麼這份愛也會回歸到你自己內在的成長中。

事業：你很喜歡這份事業，這是很好的開始，積極的行動與學習，將會有好效果。

感情：感情是相當豐沛的，緣分的感覺很深，你們總是能不自覺得想起對方，積極相處，會有好結果。

財運：雖然聖杯不代表錢財，但代表著心情好，則財運不會太差。

學業：你選到了你很喜歡的科系或學習方向，持續努力會有好效果。考試方面，則會考上你喜歡的學校或得到證照。

☼ 逆位解釋

　　聖杯 Ace 逆位時候，代表感情的虛假，或是不知道如何表達自己，這個時候你該問自己的內心，是否真的喜歡這件事情或這段感情，如果不是，則建議漸漸放掉，如果還是喜歡，這張逆位建議低調進行，暫時不要告白或攤牌。

☼ 塔羅建議

　　理論上，這是張純感性的牌，你可以好好的享受這段感情，純真或自然會是最好的建議，當我們的感情不求回報、不問身分的時候，是擁有最純然的喜悅時刻，雖然，這張牌代表可以在一起，但多保留一點愛慕期的美好，會讓我們對愛有更深的體會。

聖杯 2

感情交流

✿ 基本意涵

　　當雙方願意以公平的態度，樂於分享的心情，來交換彼此的愛與尊重，良好的心情品質就在此刻發生了，感情將進展快速而平衡，好好付出即會有回饋。

✿ 符號象徵

不同顏色與衣著的兩人：代表來自不同文化與思

想的雙方。

站的一樣高，杯子拿的一樣高：象徵著公平的交流感情。有時候就代表交杯酒，或是交換彼此間的情報。

紅色獅子頭：希臘神話中的西風之神，幫忙傳遞訊息，象徵著彼此間的感覺快速的交流著。

漢密斯之杖：雙蛇杖，象徵著快速、訊息的傳遞與內在的治癒。

☆ 基礎解讀

就如圖中所示，兩個人正謹慎的交流著彼此的感情，各有立場但平等互惠，中間還有一個見證者，幫助你們快速的交換訊息、交流感情，坦誠相對，關係將越來越好。

事業：你獲得了良好的契約，工作的學習和進展也相當良好，把握這個狀態，將能夠快速推進你的事業。

感情：雙方對於關係有共識，感情正在升溫，要積極互動和溝通彼此的感受，才能讓未來的感情更加穩固。

財運：投資和努力將會獲得良好而公平的回饋。

學業：學習狀況良好，可以的話，找到前輩或老師教導，會有更快的進展。考試的話，考取機率是高的。

☆ 逆位解釋

聖杯 2 逆位，代表雙方關係不對等，不公平的感覺，也

可能是不對頻,陷入了雞同鴨講的情況。建議先讓關係降溫停止一下。在工作上,代表著學習進度緩慢或者契約的不公平,建議要審視自己的工作狀態。

☆ 塔羅建議

　　在開誠布公的交流下,雙方的感情將會進展得很順利,建議好好珍惜當下,並對於雙方的付出都有所覺知與互相感恩,那麼感情就能夠長久而穩定。適當的時候,運用書信或訊息也會是良好的互動方式。

聖杯

3

豐收

☆ 基本意涵

歡樂的氣氛，來自於找到了合拍的人一起生活或工作，當大家有共同的情緒節奏和目標的時候，一種和諧愉快的氣氛就會到來。

☆ 符號象徵

高舉的杯子呈現三角形符號：慶祝時會高舉杯子，在此還有合作愉快的意思。

塔羅教典・逐張解密，分項解答，按圖索驥學會塔羅牌・

三個女子衣服顏色不同：象徵著個性不同的人在此地出現，但同時也有分工合作，或一件事情藉由三種屬性不同的人才能成就。

地上的水果：豐收的意思，這張牌的慶祝經常是因為獲得收穫而來的，但聖杯屬於情感，也可能是完成事情之後的愉快心情。

黃衣女子手拿葡萄：有時代表著隱藏著某些利益，正位時無傷大雅。

☆ 基礎解讀

這是張快樂的牌，慶祝有時是因為完成了某個事情，但此處，更接近於快樂的聚會，像姊妹淘的下午茶，大家愉悅的分享著彼此的生活，因此，也可以跟完成某事毫無關係，只是單純的快樂聚餐。

事業：成就是顯而易見的，不只在事業上豐收，工作遇到愉快的夥伴，人際關係也極其良好。

感情：本來是指雙方有共同的興趣，或是藉由朋友的介紹認識，但感情並不喜歡三個人，要小心三角關係。

財運：運氣良好之外，朋友間的互相分享與幫助也可以幫助財運。

學業：由於慶祝的場景，這張牌對於考試來說有很好的訊息，可以加緊學習，學業是順利並且可以跟同學分享的。

✿ 逆位解釋

當聖杯 3 逆位的時候，感情很容易陷入三角關係，可能是不公平的狀態，你要考慮是否繼續投資，消耗自己的心神。事業或生活上，逆位有空虛的情感，虛假的朋友聚會的象徵。

✿ 塔羅建議

李白說：「人生得意須盡歡。」就是在說明這種情況，你該好好的跟工作或感情對象相處，當然，聖杯 3 有時候代表三角戀情，所以在感情上，或許可以愉快的相處，但要考慮自己能否承認有別人在你們的關係之中，或者說，你介入別人的感情煩惱中。

塔羅教典・逐張解密，分項解答，按圖索驥學會塔羅牌・

聖杯

4

非分之想

✿ 基本意涵 ─────●

　　坐在樹下煩惱著下一步該怎麼做？忽然樹上飄來了隻手，握著杯子提供你機會，你正在考慮是否拿取，還是維持現狀好了，畢竟你已經是穩定的狀態。

✿ 符號象徵 ─────●

　　主角的手勢和腳的動作：手打交叉是拒絕的象徵，顯示當事人保守而不願

意與人溝通的狀態。腳打交叉代表沒有行動力。

立著的三個杯子：象徵著已經擁有的感情，這是穩定的過往。

雲端中伸出的手拿著杯子：提供一個機會給當事人突破自我或再前進。有時候，這個杯子代表非分之想，這要看你當時的狀態而定，假設你單身，那麼這個杯子就代表一個機會，你應該要前進，假設你已經結婚或有對象，那這個杯子就是你的非分之想。

☆ 基礎解讀

偉特說，這張牌的杯子代表著主角想像的煩惱。現實中，的確不會有空中的杯子，所以這可能是主角的幻想，但要不要積極行動呢？維持現狀或許不錯，但感情的世界或許該勇敢探索。

事業：事業是穩定的，現在有一個新的機會提供你再前進的可能，謹慎考慮和選擇，尊重自己的心情是好的。

感情：這張牌要看當事人的定位，如果是單身的人，現在有機會可以遇到新對象，或是提供你新的發展可能。但如果已經有對象，就出現了見異思遷的情況，理性上來說，你可以比較新舊之間的優缺點，但沒有弄好的話，可能帶來現在感情的煩惱。

財運：可能有拓展財富的機會，但小心不要破壞本來的

財務平穩的狀態。

學業：學業成績穩定，更接近的意思是停滯，你可能得想想有沒有好方法可以突破目前的學習困境。

☼ 逆位解釋

聖杯 4 逆位，代表著本來穩定的杯子倒了，而新的杯子也沒有拿到，小心偷雞不著蝕把米。這張牌要小心謹慎，以免全盤皆輸，冒然的前進或改變除了會導致失敗之外，連原本良好的基礎也被破壞了。

☼ 塔羅建議

珍惜現在所擁有的，並對於來到面前的機會考量再三，如果可以前進是很好的，但冒險拿取新的杯子是否會造成本來情況的不穩定也是應該要好好考量的，如果一切盤算清楚了，就要大膽前進，不要喪失機會了。

聖杯

5

失戀

V

☆ 基本意涵

　　沉重的心情，壓著你喘不過氣，望著逝去的一切，流淌著盡是過往的記憶。別忘了，背後還有支持你的朋友，遠方還是你可以安居的城堡，不要沉溺於傷心中駐足不前。

☆ 符號象徵

　　黑色的衣服：沉重的心情，低頭是失望的象徵。

倒掉的杯子：失望的原因，是難過失去的一切。

背後立著的杯子：象徵著支持你的感情基礎，可能是朋友或家人，也可能是過往的美好記憶。

河流、橋、遠方的城堡：象徵要度過憂傷，要走長長的路，跨過情緒的河流，到達遠方的安全感。

☆ 基礎解讀

聖杯 5 是一張感情低潮，情緒低落的牌，通常是失戀或對某人失望的時候才會出現的象徵，但其實，人的失望只能是針對自己的，你覺得自己做錯了什麼才導致如此，深深的懺悔。

事業：工作的挫敗或失落感，主要是人際關係上的問題，你可能對公司或主管、同事間產生了低落的情緒，你得找人安慰自己。

感情：這是張很常見的失戀的牌，傷心是一部份的情況，但你也要給自己打氣，你不用一個人承受難過與孤單。

財運：你可能需要檢討財務的使用，也可能因為感情用事而錢財招到詐騙，要小心使用錢，借出去的錢基本是回不來的。

學業：學業成績低落或考試失利了，你得好好的檢討自己，否則持續的情緒低潮會讓你的功課一蹶不振。

✡ 逆位解釋

　　聖杯 5 逆位的時候，代表你在不久之前經歷了一場低潮，經過了長時間的內在情緒處理，現在終於走過來了，這裡有回歸內在本心的象徵，說明當事人把人生的關注焦點回到自己身上，不再用低落的情緒填滿自己，這是一段可以重新振作的好時間。

✡ 塔羅建議

　　人生難免都有失戀和失望的時刻，好好的面對這場挫敗，給自己時間慢慢處理，你也可以找尋情緒支援的朋友或團體，讓你找回自己的快樂與自信，度過情緒的河流，你將能再次找到自己的心靈之家。

聖杯
6

回憶

✿ 基本意涵

　　回憶是最安全的自我保護，讓我們回想起被照顧的時候，人跟人之間最簡單的感情交流，最初開始的時候只是為了對方好而彼此良善的付出著，現在或許也可以如此。

✿ 符號象徵

　　回憶：這張牌的原始意涵是回憶，但圖畫中無法顯

示出來，只能用童話般的場景來象徵。

大人送花改小孩：象徵著照顧與給予，延伸有送禮物和傳承的象徵。

城堡和守衛：代表身處於安全的環境，你是受到保護的。同時也代表著限制，你遵守著某個規矩以換取保護。

百合花：花語是祝福與長相廝守。

☆ 基礎解讀

聖杯 6 是代表安全的環境與回憶，是一張維持現狀的良好的牌，不利於改變或回頭。比如當事人如果問跟前男友的復合，則說明不可能回頭，真愛此時已是回憶，但如果是正在交往的關係，這張牌代表著穩定良好互相照顧的關係，也可能可以長相廝守。總得來說，這張牌肯定現狀，不改變現狀。

事業：事業是穩定的，你受到公司的照顧，或你在公司很照顧人。如果沒工作要找工作的人，則象徵不佳，代表著你待在家裡走不出去。

感情：現況持續不變，單身者持續單身，在關係中的伴侶感到穩定。

財運：在沒有多餘開銷的情況下，財務相當穩定，你可能會傾向於替家裡人買點東西，感情的溫暖是你的第一訴求。

學業：你受到良好的傳承，學業相對穩定，考試基本上順利，但還是得好好準備。

☆ 逆位解釋

聖杯 6 逆位，象徵著回憶即將改變或離開安全的環境。本來互相照顧的兩人現在已經不再需要互相需索的關係了，你們可能要邁向下一階段了，更加獨立自主而擁有自我意見的關係，雖然在此不代表分手，但獨立的自我肯定，是這張逆位給予的建議。

☆ 塔羅建議

每個階段的感情安排不同，接受現在的情況，做好規律的生活與規範，你會有很多時間活在當下，有對象的人要好好地跟另一半相處，有品質的相處，單身的人則代表要好好地跟自己相處。

聖杯

7

做夢

☆ 基本意涵

　　人生經常要追求很多東西，這是從我們懂事以來社會交給我們的，但此時，你感到迷惘，你得到了社會的認同，但卻有種失去自己的感覺，就像這張牌的主要解釋之一：「你不知道你自己要的是什麼？」

☆ 符號象徵

中間的杯子：閃著紅

光，張開雙手，大布幔卻遮住臉部，象徵著你的自我被蒙蔽了，你不知道你自己要的是什麼。

周圍的六個杯子：象徵著人生追求的六個面向，人頭代表美人、房子代表安全感、珠寶象徵財富、桂冠象徵著權力與成就、小惡魔象徵著慾望的耽溺、蛇代表煉金術或宗教。在此時，你被這些外在的事物給蒙蔽了，在沒有自我之前，追求這些事物只會讓你更空虛。

☆ 基礎解讀

你可能很努力賺錢，想要有權力、能賺錢、買房子或結婚，但如果你沒有內在的核心，對自己追求之物，明確知道自己為什麼想要，為什麼需要，那麼，追求越多的外在事物，內在的空虛可能會更強。好好面對自己的心，揭開布幔，發現自己真正的想望，而不是社會和家人對你的期望。

事業：事業進入了一個撞牆期，你不知道為誰而戰，為何而戰，你可停下來好好想想自己為什麼工作，為什麼從事這個事業，在你還沒有耗盡精力之前。

感情：感情走到了一個瓶頸，你可能不知道自己為什麼要這段感情，給自己的愛做一個定義，以讓關係不要那麼脆弱。

財運：基本財運是有起有落，這張牌提醒當事人，找尋賺錢的意義，能夠讓你的內在更穩定。

學業：學業成績穩定，只是你不知道爲什麼要讀書或考試，你得找人諮商。

☆ 逆位解釋

聖杯7逆位，代表當事人漸漸知道自己要什麼了。在圖像上，逆位時，象徵性的身上的布會掉下來，你就會發現自己是開心或不開心的，你自己眞正想要的是什麼？然後開始往自己安定的內在前進。這張牌逆位的主要解釋應該是：「你漸漸知道自己要的是什麼了。」

☆ 塔羅建議

這張牌建議我們檢討自己的價值觀，哪些是你從內在眞正想要的，哪些是別人給你的社會教育，放下別人的意見，你就能夠漸漸地找回自己，屆時不管是賺錢還是談戀愛，你的生活或工作會越來越踏實。

聖杯

8

離開

✿ 基本意涵

你已經擁有了許多，但還是欠缺，欠缺了某個重要的東西，所以你必須離開去尋找，找尋生命的答案，找尋內在眞正的想望，然後，你的人生就圓滿了。

✿ 符號象徵

八個杯子缺了一口：象徵著你已經擁有的和你尚缺乏的。

主角：穿著紅衣主要代表熱情附有行動力的象徵。

河流：河流是平靜的，象徵內在的情緒穩定。

月亮：代表環境的不安。在此有滿月和弦月，代表這個離開本身所帶來的不安會維持一陣子，但終究來說，你會藉此過程尋找到自己真正喜愛的事情。

☼ 基礎解讀

偉特說，這個人遺棄了他原本的幸福，為了追求更高的喜悅。這張牌有時代表分開或離開，但這不是聖杯5的失望，而是勇敢的往前進，尋找最後的聖杯，讓自己邁向美好與圓滿。因此，這張牌經常代表分手，但有時，也可以是跟伴侶攜手邁向更高的喜悅。

事業：目前的工作總有著缺憾，你可能需要離職去找尋自己內在真正喜歡的工作。這可能是邁向人生天命的最後一個階段。

感情：離開或分手是可能的，但你還是得了解自己內心到底少了什麼，讓你產生離開的想法，有時，想通了，你就不需要離開了。

財運：財務狀態有些問題，可能是有缺口，或可能你得勇敢前進去追求更多的財富，維持現狀則缺口永遠都在。

學業：成績基本上可能有七成的良好，但如果你想要成績更好或考上更好的學校的話，你可能得加倍檢討和努力。

☆ 逆位解釋

聖杯 8 逆位，代表想離開而不能離開的人。可能基於人情壓力，也可能是你沒有找到新的對象或去處，導致現在的你不敢挑戰離開。但其實，真的已經沒心了，繼續留下來對雙方都略顯痛苦。

☆ 塔羅建議

對於我們人生中的缺憾，我們總是敏感的，尤其像這張牌，八個杯子就缺了一口，就讓人在心理上產生很想彌補缺口的想法。但其實，理性的想，現在的生活也不錯，我有需要為了一個可能的成績而離開目前的優勢嗎？這是你值得思考的問題。

聖杯

9

志得意滿

IX

✿ 基本意涵

　　至此，你已經滿足於自我的成就中，你的身後充滿著獎杯，你的態度從容而自傲，的確，你擁有驕傲的本錢，特別在經過努力之後，你獲得了成功與榮耀，你該享受這份成就。

✿ 符號象徵

　　帽子：這是阿拉伯商人的帽子，顯示聰明有商才的

塔羅教典．逐張解密，分項解答，按圖索驥學會塔羅牌．

象徵。

雙手交叉：拒絕溝通的手勢，也有不願意分享自己成就的象徵。

坐在椅子上：代表坐穩了位置，或擁有一定的視野與智慧高度來看待別人。

挺胸和打開的腳：自信和成就感的象徵。

背後的 9 個杯子：代表你已經擁有的成就，這也是你曾經努力留下來的成功。

☆ 基礎解讀

因為你努力的追尋，最終你找到了全部的杯子，展示在你的身後，你是該志得意滿，好好的為自己讚賞和慶祝。這張牌顯示一個有成就但驕傲的人，把關著這成就的祕密，以讓這個成就可以持續很久。

事業：工作或事業是成功的，你得到了成功與讚賞，你該好好的享受目前的成就。

感情：基於當下的狀態感到滿足。單身者對於自己單身感到良好，結婚者對於婚姻中的兩人覺得穩定，總之，這張牌代表現況的穩定不變。

財運：基本良好，但也要小心用度，財不露白。

學業：功課和學業來到了一個安穩的時間，接下來只

要把讀書計畫做好，按表操課，那麼明年就有可能考到好學系。

☆ 逆位解釋

聖杯 9 逆位，說明原本坐的很穩的位置，現在出現了問題，可能是地位不穩，也可能是你到了工作職位的天花板，無法再前進了。有時，這張牌逆位，代表當事人從椅子上跌落，失去了優勢與自信。

☆ 塔羅建議

享受當下是好的，但適時的分享並教導他人自己會的東西，將會有助於人際關係的良好，將來有機會人家也會幫你的。這張牌代表你的人際應對過於保守，你應該要打開心胸，好好的跟同事或朋友分享心事，解脫內在的壓抑。

聖杯
10

家人

✿ 基本意涵

　　家人的品質是溫暖、陪伴而快樂的，這張牌代表著你與家人相處良好，也會互相幫助，相信上天會給你們最好的安排，目前為止幸運會持續進行，請好好加油。

✿ 符號象徵

　　父母、小孩： 歡樂的場景，代表著人際關係相處愉快，有時家人不是真正的家

裡人，同事也可以是這張牌的。

彩虹杯子：代表上天的祝福，杯子排列的方式，也象徵著邁向圓滿。

河流與房子：目前的情況很明確，只能暫時尋求安穩。河流象徵平穩的情緒，房子代表安全感。

☆ 基礎解讀

　　跟家人關係的美好品質在此張牌呈現，但其實大部份的問卜者問的都是感情和事業，很少問家人關係的。在一個工作的問題上，代表當事人把夥伴當成家人，或期望同事間擁有家人般堅貞的情感。

事業：如果你不是跟家人一起做或受聘於家族企業，那麼，這張牌的意思是你跟同事間的感情非常堅貞，可以好好珍惜。

感情：這張牌有時代表結婚，通常是交往多年才能做的解答。如果當事人目前單身，問到的對象用聖杯 10 做象徵，代表著對方把你當成家人，而不是把你當成追求者或交往的人。

財運：財運良好，特別可以跟家人合作或合夥一起賺錢。

學業：考試成績基本上是圓滿的，讀書計畫有在執行，一步一腳印最後必能邁向成功。

✿ 逆位解釋

聖杯 10 逆位的出現，通常代表問卜者期望家人關係可以良好，卻事與願違，無法讓關係和感情走向圓滿，有時，塔羅牌建議放下完美情節，或許希望公司的同仁感情都很好，但過度的期望會導致失望的可能。

✿ 塔羅建議

我家門前有小河，後面有山坡，這是一張妥妥的家庭歡樂的牌，建議珍惜當下，好好的跟家人相處，你會發現自己很安心，關係的美好有助於事業和人際關係的穩定進展。

寶劍牌組

寶劍是風元素的象徵。

劍象徵著理性，與風元素的意義相同，

但同時，劍也能帶來傷害，在畫面中，

筆直的劍象徵著公正與智慧，

偏斜的劍則是偏見與不智。

不論正逆位，劍尖向著外則攻擊向外，

劍尖向著內，則傷害當事人，

要用理性與智慧處理事情，才不會受傷。

★

寶劍的關鍵詞是理性或傷害，

好的象徵以理性解，

壞的象徵則以傷害解。

寶劍

Ace

新計劃

ACE of SWORDS.

☼ 基本意涵

　　舉起寶劍，通常代表著戰鬥的開端，這張牌諭示著勝利或成功，但同時也說明著戰爭的可能。有時，這僅僅是一個可行的計劃或想法，做為起始牌，你可以依計而行。

☼ 符號象徵

　　雲端伸出的手：這是戰神雅典娜之手，守護正義與

和平，也帶來勝利的消息。

筆直的寶劍：理性與公平公正的智慧象徵。

王冠：代表著王權或世俗的成就，寶劍刺穿王冠，說明理性或正義突破了世俗的權力與成就的枷鎖。也可能說明著，理性本身就是王冠。

棕櫚葉和橄欖葉：這是古代有錢人和貴族用的基本香草，代表著財富與尊貴，同樣的，寶劍的劍尖高於兩者，代表理性與正義至上。

☆ **基礎解讀**

寶劍牌組基本上從理性出發，筆直的寶劍象徵著公正的智慧，這張牌解釋可大可小，小從一個念頭，大到法律訴訟，都象徵著執行或奮戰會帶來勝利，這是可行的計劃，你需要一步一腳印的把它執行完成。

事業：理性與智慧會將你帶向成功，這張牌雖暗示著勝利，但同時也代表著你需要奮戰，才能成功。

感情：基本上是好的計劃或想法，但感情上的寶劍，要小心思維方式和發展趨勢，畢竟用理性來處理感情，也可能會帶來傷害。

財運：堅持執行目前的財務策略應該會為你帶來好結果，但同時，不好的理財方式或標的物也要理性割捨才好。

學業：問考試會得到好的成績，讀書和學業成績應該不

錯，但也提醒要堅持原始計劃。

☆ 逆位解釋

　　寶劍 Ace 逆位的時候，寶劍向著占卜者，代表著帶來傷害與痛苦，建議你暫停這個計劃。有時，象徵著戰敗，或說明不可行，一個錯誤的計劃正阻礙了你，你可能得放棄或另謀出路。

☆ 塔羅建議

　　基本上，Ace 牌都是好牌，但寶劍基於趨勢，未來的 9 張寶劍都是傷害和煩惱的象徵，因此，你得考慮使用理性的方法。理性是雙面刃，你認為正確的事在別人的角度上可能是不通情理，特別是感情相關的牌，寶劍可能因為過度計較和自以為是而帶來紛爭，要特別小心使用理性，或多點同理心會緩和關係。

寶劍

2

兩難

☆ 基本意涵

　　有時，你很難做好一張正反兩面的利害關係表來分析目前的情況，你陷入了兩難，走哪一邊可能都會受傷，你選擇不看現況，讓事情僵持著，希望有一天能自行解決。

☆ 符號象徵

　　兩把偏斜的寶劍：兩個不夠理性的思維，就是兩條

塔羅教典‧逐張解密，分項解答，按圖索驥學會塔羅牌‧

道路或兩個想法的意思。

手打交叉：拒絕溝通或被說服。

眼睛蒙著：不願意看到事實，有時是主動的，有時是被蒙在鼓裡的，但其實潛意識都知道，你在逃避。

微微水波之水面：象徵著微微起伏的情緒。

月亮：不安的景況正高掛於天空。

☆ 基礎解讀

　　人生中的選擇很多，要不要離開家鄉，要讀書還是要工作，但這都不是寶劍 2 說明的煩惱。寶劍 2 說明的是兩條相斥的道路，選 A 會傷害 B，選 B 會傷害 A，也就是讀書的你可能失去一個很好的賺錢機會，工作的你可能回不到學生的狀態，這才是寶劍 2，說明這個選擇帶著某一種傷害的可能。

　　事業：你遇到了困難的選擇，給你的選項不多，你可能得權衡利弊，選擇傷害比較小的道路。

　　感情：感情陷入了兩難與受傷的煩惱，你可以給自己一點時間消化情緒，回歸理性的判斷，會幫助你找到自己的道路。

　　財運：財運狀態不佳，要小心用錢，如果你已經在財務問題中受傷，建議趕快停損，少輸為贏。

　　學業：功課或考試陷入了困難，你可能得重新擬定讀書計劃。

☼ 逆位解釋

寶劍 2 逆位，兩難的情況不變，但時間和情勢已經不容許你思考或等待，因為傷害已經造成了，如果你不趕快處理，可能會血流成河，這張逆位的建議就是快刀斬亂麻，拒絕持續受傷，停損為宜。

☼ 塔羅建議

寶劍 2 的兩難有時是自己的視野過於狹小而造成的。你覺得你的好朋友不該跟你討厭的人講話，你陷入了要不要切割友誼的煩惱中，切斷關係讓你痛苦，但持續下去你也不開心。但其實，你只要放開你的執著，知道每個人都要交朋友的自由，他交朋友跟你沒關係，那麼，寶劍 2 也就離開你的意識了。

寶劍

3

心痛

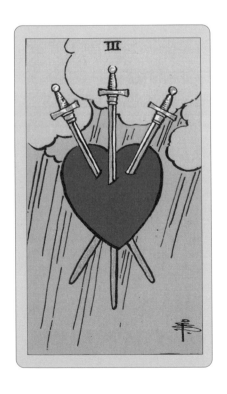

✿ 基本意涵

　　下雨的大氣，灰暗的背景，一顆心插了三寶劍，心痛的表達相當直接，這張牌是戲劇化的，可能是被背叛或情緒操控的戲碼。覺得難過就好好釋放吧！承認自己會受傷也是一種成熟的表現。

✿ 符號象徵

紅色的愛心：熱情或真

感情，在此當然是說明你的心受傷了。

三把寶劍：寶劍 3 的傷害通常是背叛造成的，背叛就代表你信任的人因為另外一個人傷害了你。所以牌面上三把寶劍，一把是你信任的人插的，一把是他的新對象插的，最後一把，則是你自己插的，記住，只有你能夠真正的傷害你自己，放下自我攻擊，你才能解放傷痛。

下雨天：這是心情，也象徵著一段時間的難受，水也代表著情緒，雨水說明著情緒如雨般的不斷流洩。

☆ 基礎解讀

這是一張痛苦的牌，當事人沉浸在自己的難過中，可能需要有人陪伴，在某些時刻，講道理或積極鼓勵的效果是有限的，這張牌出於意外，你沒有想過的，你的心所相信的被打破了，這時你可以徹底地哭泣，釋放情緒，拾回自我。

事業：事業遇到了瓶頸，工作受到了攻擊，可能來自於信任的夥伴或長官，如果你能跨越問題，則繼續走是可以的，這只是一個過程，但如果沒辦法，另謀出路或許也是個方法。

感情：感情的背叛與心痛，分手與難過，好好的面對現狀的失敗，然後過好單身生活或找尋下一段感情。

財運：錢財受傷了，讓你心痛，這張牌不利於任何財務有關的計劃。

學業： 讀書計劃失效，或考試失利，有時，努力還需要運氣，這次運氣不佳，下一次再繼續努力吧！

☆ 逆位解釋

寶劍 3 逆位時，寶劍會向著外，代表著你傷害或背叛了別人，雖然你可能不是故意的，但基於理性的選擇，你可能必須做出傷害他人信任的抉擇。還是建議把原因講清楚，獲得對方的體諒，才不會衍伸惡緣。

☆ 塔羅建議

心痛，是因為我們錯付了，我們該把心好好的放在自己身上，愛自己，關注自我，則不會受傷。這是一個生命體驗，幾乎所有人的會遇到，但也讓我們在談感情、交朋友上，更加謹慎，跟注意拿捏關係的距離。

寶劍

4

休息

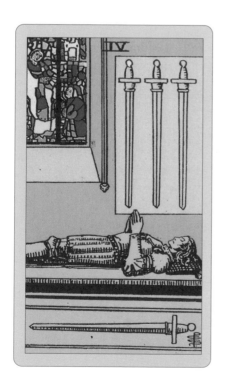

☼ 基本意涵

　　一個休息的時間，徹底的讓身心都放鬆下來，回到自己的內在，放空，是爲了下一階段的戰鬥而準備，這張牌提醒你，這是自我療癒的時刻。

☼ 符號象徵

　　主角身穿戰袍，躺在床上：是休息，但並沒有放棄戰鬥的準備。

塔羅教典・逐張解密，分項解答，按圖索驥學會塔羅牌・

交疊出三角形的手勢：祈禱和冥想，堅持自我的信念。

牆上的三把劍：呈現灰色並高高吊起，這是休息的劍，代表之前所打過的仗。

床邊的寶劍：這是備戰的劍，象徵著休息夠了隨時準備再戰。

教堂的玻璃窗：此處的聖母圖，象徵著來自母親的安慰，這是一種回想與需求，當事人尋求回到內在的平靜中，回到兒時的安穩中。

☆ 基礎解讀

寶劍 4，大部份的解讀是休息，但其實，更深刻的內涵是休兵，當事人有著深刻而理性的議題需要處理，但暫時無法處理，或之前已經為此吵架或奮戰而無果，所以現在只能休息，但只要時間一到，隨時可以再戰。

事業：事業屬於停滯期，好好的休息是為了將來的備戰。這張牌對於找工作的人來說，是一張壞牌，代表你暫時還無法出征，得再休息一會。

感情：感情關係呈現停滯，停滯於現狀，單身的持續單身，婚姻中的問題持續但不會改變身分。有時，這張牌代表床上關係。

財運：錢財狀態停滯，你可能得量入為出。

學業：學習狀態讓你勞累，你想要休息，在目前的狀態

中，的確也不容易獲得成就，要有計劃，才能在下一階段的
競爭中獲勝。

☆ 逆位解釋

　　寶劍 4 逆位，代表著起床或出征。這張牌的吉凶視你的
問題而定，假設一個找工作的人，寶劍 4 逆位說明你要起床
了，可以去工作了，是找到工作的意思。但另一個想要休
息、退休或落葉歸根的人，這張逆位卻代表你無法休息，你
還得為此事奮戰一陣子。在感情上，代表關係前進，但問題
並沒有解決。

☆ 塔羅建議

　　休息是為了走更長遠的路，但你對於休息的本質應該是
真正的身心休憩，身體休息，心也該放下，才能夠真正的放
空自我，然後下一階段走得更好。有時候，這張牌也引導當
事人思考重要的人生議題，也就是暫時不矛盾了，但你人生
的下一階段到底要怎麼過，你想清楚了嗎？

塔羅教典 · 逐張解密，分項解答，按圖索驥學會塔羅牌 ·

寶劍
5

爭勝

☆ 基本意涵

　　有時候，你贏了，但你沒有得到東西，你得到了一種爽感，這是一種意氣之爭，你看著挫敗的對手，卻也擔心他們隨時的反撲，氣勢爭奪是一時的，要謹慎，不要被表面的勝利沖昏了頭。

☆ 符號象徵

　　綠色衣服的主角：象徵

想要掌握優勢，維持現狀的內在。

主角手中的劍：左手持有兩把，右上拿著一把，無法再拿取更多的劍。

地下的劍：挫敗者隨時反撲的利器。

背對著兩個人：挫敗的人，在正位時是你打敗的人，逆位時會變成你的角色。

競技場：整個場景說明如羅馬時代的競技場，奴隸們打仗給貴族看，但贏了也不會獲得自由，只是繼續玩著似乎擁有權力的遊戲。

雲與天空：說明風起雲湧，瞬息萬變的可能。

☆ 基礎解讀

寶劍 5 要看你對自己的意識有多深的理解，有些人會沉浸在一種快樂中，但其實內在是空虛的，不過，只要不去想，那麼一天的勝利也是勝利，或許也就沒那麼空虛了。這張牌說明著一種為了交男友而交，為了勝利而競爭，但並不知道做這件事情的核心意義是什麼？雖說空虛，但人生也經常如此。

事業：在工作上，你獲得了氣勢的優勢，某個程度上是主導地位，但人際關係恐有問題，要小心小人，或者學習攏絡人心，以免後患。

感情：以關係來說，你獲得了一定程度的勝利，但如果

沒有長遠的交往計劃，這段關係不見得能夠持久。

財運：財務目前看來沒有問題，甚至可能看起來會有好進展，不過卻不踏實，你的理財規劃並不良好，長期還是要面對自己的財務漏洞。。

學業：考試或學習似乎獲得良好的成就，但你自己知道，你的實力是不夠的，暫時運氣好而已，要小心彌補學習的不足之處，以免下次考試露餡。

☆ 逆位解釋

寶劍 5 逆位的時候，代表你變成挫敗者，但你並沒有失去實力與本質，只要願意等待時機和適時的努力，不要喪氣，你總是能遇到再度爬起來的時刻。在感情上，也建議你離開這場無意義的戀情。

☆ 塔羅建議

鬥爭在某些工作場合是需要的，氣勢上壓制敵人或部屬可以幫你獲得短暫的成就，但帶人還是要帶心，才能細水長流。感情上，用寶劍 5 是不智的，氣勢上壓過另一半不會讓你變得高尚，反而會讓關係失去愛的本質。

寶劍
6

暗自療癒

✿ 基本意涵

生命中的某些時刻，我們遇到了挫敗，但不能嚎啕大哭，因爲我們還有責任和生活，壓抑著情緒你得自我療癒，才能在生命的洪流中安然度過。

✿ 符號象徵

船夫：背對畫面，使我們看不到他的表情與情緒，象徵著壓抑與暗自療傷。

塔羅教典・逐張解密，分項解答，按圖索驥學會塔羅牌・

妻小：這是船夫的家眷與責任，他因為帶著妻小，不能顯露情緒。

寶劍插在船上：曾經受過的傷害，在划船的過程中不能拔起，否則就會沉船，說明著帶傷前行。

水波的形象：從波濤起伏的過去到平靜無波的未來。

☆ 基礎解讀

寶劍 6 是你受傷了，但因為你有工作、生活與家人，所以你必須默默療傷，靠自己的力量度過傷痛，甚至負傷前行。有時候，這張牌說明著渡船般的移動，你將從 A 地移往 B 地，或從 A 狀態移動到 B 狀態，可能是身分的轉變，也可能是心理感受的改變。

事業：工作狀態低靡，你可能得默默的做，才不會被當成攻擊的對象。這張牌如果要換工作，也記得低調進行。

感情：在感情中受傷，你還需要療癒的時間。

財運：財運狀態不佳，也可能你才損失了一筆錢，但不要聲張，過度情緒會讓你的財運更差，默默的處理財務問題，要低調，以免你連借錢都借不到。

學業：學習狀態或考試成績不好，你得深自檢討，默默努力才能挽回頹勢。

☼ 逆位解釋

寶劍 6 逆位象徵性的船翻到了畫面上，是翻船的象徵，這裡代表情緒的反轉，你已無法壓抑自己的傷痛，需要即刻處理面對，船上的劍一根根的掉下來，逼迫你看見自己的傷痛，趁此時間好好的將問題拿出來看，一個一個從理性中突破，讓傷痛被療癒。

☼ 塔羅建議

有時，我們得自己面對傷痛，或是找到面對傷痛的個人處理方法，可以是喝酒、看電影或寫日記，總之，這張牌希望你可以對自己的情緒有所覺察，慢慢處理，而不是視而不見的壓抑情緒，因為，最終我們還是得面對自己的創傷，你無法立刻處理，但也要慢慢處理，假裝傷痛不存在是沒有意義的。

塔羅教典 · 逐張解密，分項解答，按圖索驥學會塔羅牌 ·

寶劍

7

偷盜

✿ 基本意涵

　　這個人從敵方的軍營中偷走了五把寶劍，這是人生中冒險的挑戰，萬一被發現的話，可能有不良的結果，但你滿懷信心，堅信自己可以過關。

✿ 符號象徵

　　偷劍的人： 偷偷摸摸的離開，從敵營中偷走了武器。

拿劍的方式：傳統版的偉特牌中，寶劍上是略帶血漬的，象徵著這個挑戰可能帶給當事人受傷的過程。

立著的劍：潛藏的危機，因此不能掉以輕心。

軍營：有時，這是你本來的根據地，只是你現在要移居了。

☼ 基礎解讀

我們都希望自己是好人，但有時候，寶劍 7 帶來了一種改變，冒險的改變，好與壞，或以成敗論英雄。這張牌很常出現在外遇的牌組中，偷偷摸摸的感情狀態，雖然不安心，但你的確已經想要改變了，誠實面對關係的變質，還是對雙方比較好的安排。

事業：工作壓力太大，你可能想要換工作了，記得，一切都要偷偷進行，被發現的話，可能會被刁難或阻礙。

感情：感情上出現了瓶頸，你可能想要離開或甚至你已經有了新對象，建議感情還是要多溝通或和平分手，偷摸的行為被發現恐怕會很難看。

財運：理財計劃是不佳的，目前看起來雖然還不會出事，但長遠上會有破財的情況，建議要修正理財觀念和行為，不要鋌而走險。

學業：學業壓力龐大，考試成績並不良好，你想用偷雞的方式獲得成功恐怕不會成功。

☆ 逆位解釋

寶劍 7 逆位，可能是你偷摸的行為被抓到了，你遭遇挫敗並很可能被譴責。另一種可能也很常見，你成了被偷摸的對象，也就是偷摸的人是你的另一半或員工，你被人背叛了，要小心謹慎，不要過於放鬆，以免被人出賣了還不自知。

☆ 塔羅建議

這張牌的挑戰是困難的，你可能要思考這件事是否符合你的最高價值和目的，才決定你是否投注精神在這件事情上，過程可能涉及了低調和欺騙，但為了最終目標，你也必須在過程中隱藏自己。當然，如果情況有很明確的法律或道德瑕疵，就不建議前行，這張牌如果從事違法事業，也可能被抓。

寶劍
8

作繭自縛

✿ 基本意涵

　　有時，我們受到太多挫折，讓我們恐懼生活而不敢改變，我們對這個世界的想像過於負面而悲觀，導致我們作繭自縛而不敢前進或改變，寧願困於寒風中，也不願嘗試自由的可能，那麼，幸福就很難到來。

✿ 符號象徵

八隻寶劍圍繞著主角：

象徵著恐懼，也象徵著過往的思維。這是主角感受到的周圍的危險，雖然存在，但它們不會主動傷害主角，主角卻因此不敢前進。

遮住眼睛：不敢或不願看到真實的世界。

綁赴雙手：不敢探索。

遠方的城堡：城堡和房子代表安全感，和主角之間隔著寶劍，象徵著過度的煩惱，讓當事人失去了安全感。

☆ 基礎解讀

寶劍 8 是一個不敢行動的人，經常遇到的情況是占卜者詢問是否能有機會改變，可能是換工作或談戀愛，但這張牌直接說明了當事人不敢改變的心態，因此不會獲得良好的結果。

事業：工作遇到了瓶頸，也可能是人際關係的煩惱，你覺得身邊的人不喜歡你，危機四伏，建議你好好跟同事溝通，或許會獲得善意的回應。

感情：目前的你過於膽小，也抗拒改變，但沒有行動就不可能有任何機會，建議你勇敢一點，才有可能突破僵局。

財運：財運狀態不佳，太多的危險與恐懼都讓你無法理財，現在也不是理財的時間，先穩住自己的財務和心態就好，不要冒險。

學業：光煩惱功課是沒有用的，行動才有可能改變現

狀，短期就算成績不佳，但一次又一次的挑戰，才有可能克服困難。。

☆ 逆位解釋

寶劍 8 逆位，代表你即將走出困境，或是走出作繭自縛的情況，但迎向你未來的事實，不見得好壞，這張逆位代表看見真相。比如一個懷疑伴侶的人，抽到寶劍 8 正位，象徵著他不敢看到真相，選擇不想知道，寶劍 8 逆位則代表他將看真相，不管是真的外遇還是沒有，他都會知道真相而得接受結果。

☆ 塔羅建議

我們每個人都有恐懼而不敢前進的時刻，但如果因此而錯過了人生的美好是很可惜的，縮頭烏龜的世界不會是美好的，你得克服恐懼，看到真相，才能夠繼續前行，找到屬於你的美好人生。

寶劍

9

惡夢

☆ 基本意涵

總有些我們不想面對或壓進潛意識的事物,在夜深人靜時猝不及防的冒出,有如夢魘般的出現在我們的面前,此時,我們就算遮住雙眼,卻已經無法再逃避痛苦的事實。

☆ 符號象徵

牆壁上的九把劍:充滿著腦袋帶來的煩惱橫掛於牆

面。

最下面的三把劍：分別象徵性的插到主角的頭、喉嚨與心臟，說明著極度難過時，人們會有頭痛、心痛、喉嚨痛的情況。

床左方的圖：是一張擊劍畫，可能是主角夢到被人攻擊的情況。

占星學的棉被：代表神祕的意象，或來自潛意識的夢境。

遮住雙臉的手：不願意看見也不願意面對事實。

☆ 基礎解讀

當寶劍 9 出現的時候，當事人出現無法理性處理的恐懼與難過，不想面對又不得不面對。比如，曾經被背叛的關係，本來都已經忘記，卻在開始一段新關係時，出現潛意識的訊息，一種過往傷害形成的現在的恐懼。

事業：事業呈現低潮，不想面對工作，壓力太大，最終可能造成健康的不佳，可以的話，好好面對這個工作到底適不適合你，或者，你該放個長假。

感情：感情進入到一個壓力而低潮的狀態，你不敢也無力面對現況，只是你或許也無法壓抑情緒太久，好好的面對關係，真的無法處理，暫時分開也是個想法。。

財運：財務壓力很大，你得趕快處理，否則錢坑越挖越

大，越難收拾。

學業：功課不好，考試不佳，學業壓力很大，你卻仍陷入某種逃避之中，建議你靜下心來找老師或前輩談談，一步一腳印的解決功課的煩惱。

☼ 逆位解釋

寶劍 9 逆位時，情況不見得比正位好，煩惱和壓力仍然存在，但你可以選擇壓抑或拖延，圖面上，當事人將會被吊在牆上，呈現頭下腳上的情況，代表你陷入了連思考都無法的處境中，著急處理問題也不見得會立刻變好，「逃避可恥但是有用」或許是此時最好的建議。

☼ 塔羅建議

面對潛意識的恐懼，你可能要找尋占卜師、催眠師或潛意識專家的幫忙，才能幫你把壓抑的情緒給釋放出來。當然，你也可以自己抽絲剝繭或理性的自我說服，你過去的恐懼不見得會再次發生於現在，把雙手打開，漸漸發現，事實跟你害怕的不一樣。

寶劍
10

死亡

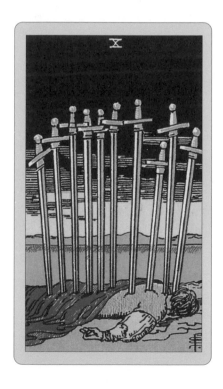

✿ 基本意涵

　　事情來到了結束的點，你所遭遇的事件已經完結，你得好好的接受，過一段時間，或許還有重生的機會，如果現在沒有好好的處理死亡，那麼重生也將變得相當遙遠。

✿ 符號象徵

10 把寶劍沿著脊椎插著：象徵著結束的是你的中

塔羅教典·逐張解密，分項解答，按圖索驥學會塔羅牌·

樞核心，可能是一段感情或一個工作，也可能是身體健康相當糟糕，你得好好面對。

右手比劍指：這是祈禱的手指，象徵著信仰，人的毀滅與絕望有時候是針對信仰，信仰的結束。

遠方的曙光：黃色的曙光象徵著一線生機將會出現，或是黎明再起，當然，這也間接說明了當下的黑暗，也就是當事人正在經歷人生的低潮期。

☆ 基礎解讀

寶劍 10 通常代表結束或絕望，占卜者已經無力改變現況，他所相信的已經毀滅，所有的理性想法都在告訴他計劃已經結束，不要試圖改變現況，接受它，那麼在下一次的計劃中，你將會活得更好。

事業：工作的壓力很大，繼續下去可能會生病，你可能得好好結束工作，才能在不久的將來重獲新生。

感情：感情的死亡是這張牌的解釋，你們關係的核心已經被破壞，基本上是回不去的，那麼好好結束和接受現狀，未來會遇到更適合的新對象。

財運：破產或投資失敗，可能被騙錢或倒債，不建議做任何的財務支出，你可能得好好的擬定賺錢計劃，才有辦法應付這波低潮。

學業：讀書和考試都極差，你可能得好好的面對自己的

弱項，短時間之內難以改變成績情況。

☆ 逆位解釋 ──────────────────────●

　　寶劍 10 逆位的時候，象徵性的身上的劍會從身上掉下來，代表著痛苦的緩解，但黑夜才剛過去，黎明才剛要到來，請你不要躁進。這張逆位代表曙光乍現或一線生機，唯有在你徹底接受及檢討了之前失敗的原因，才有辦法在新的日子裡重獲新生。

☆ 塔羅建議 ──────────────────────●

　　我們經常錯過好好的體驗結束，導致我們學不會道別，壓抑失敗的感受，讓我們無法接受失敗也無法自我修正，那麼重複的錯誤可能不斷的出現，因此，想要重獲新生，請好好接受當下的失敗，從檢討中祝福自己，未來會更好。

錢幣牌組

錢幣牌組是土元素的象徵。

事實上，偉特牌中的 pentacles 是五芒星的意思，

象徵著人體，

當其正位時代表著頭腦（精神）駕馭著身體，

逆位則身體控制了精神。

但因爲其大部分處理我們跟金錢、財富有關的議題，

所以約定成俗稱它爲錢幣牌組，

其實它也有身體、健康、內臟的意涵，但很少使用。

錢幣牌組的關鍵詞是財務，

延伸有工作、事業的象徵。

錢幣
Ace

新事業

ACE of PENTACLES.

☆ 基本意涵

　　錢幣，物質世界的交易基礎，手捧著金錢，你就擁有了工作、事業、財富或資產，在綠草茵茵的莊園中，安心的生活，這是個很好的開始，諭示著物質世界的美好未來。

☆ 符號象徵

　　雲端伸出的手：這本該是財神的手，西方沒有財

塔羅教典 · 逐張解密，分項解答，按圖索驥學會塔羅牌 ·

神，要賺錢就要出海，會跟海神波賽頓祈求，所以這是波賽頓的手，帶來財富的消息。

手捧金幣：象徵拿到一個工作或成就。

花園：代表在你的生活範圍之內，一切豐盛平安、井然有序，偉特說這張牌代表幸福的家園。

☆ 基礎解讀

錢幣 Ace 基本上是一張好牌，大家都喜歡的牌，尤其以物質需求做為基礎的世界，抽到這張牌代表你將獲得工作與財富，就算在感情中，這通常也代表著在關係中提供了足夠的物質基礎，讓未來更穩定的象徵。

事業：如果你有事業新的規劃，這將會是個好時間，換工作、創業和開啟新的未來。如果是穩定的工作，代表近期會有新的賺錢機會。

感情：從感情的基礎上走向了物質的穩定，可以是一起買房或財務計畫，你們對未來的想法務實，適合一起生活。

財運：近期有新的賺錢機會來到，記得要好好把握。有時，這就代表著事業蒸蒸日上，賺錢又穩又好。

學業：學業是穩定的，考試也會有好成績，如果考試是跟財務金融有關的話，考上的機率很高。

☼ 逆位解釋

　　錢幣 Ace 逆位的時候，象徵性的手上的錢就掉了，你可能失去了賺錢的機會，或沒有拿到新的工作。另一種可能是，這是一種不光明的錢或是不能曝光的錢，也可能是打工或賺外快，總之不是正財。在感情上，這張逆位可能是涉及錢的地下情或財務有問題的感情。。

☼ 塔羅建議

　　這張牌基本上對財務和生活都有很好的肯定，如果說還要建議有兩點，一是萬丈高樓平地起，做事情賺錢還是要一步一腳印，慢慢累積起來才踏實；二是工作計畫要長遠，Ace只是開始，若想要長遠都有錢，就必須要訓練遠見和計畫的執行力，那才可以保持長遠的有錢。

錢幣

2

兼得

☆ **基本意涵**

　　有時，我們可以獲得一個很好的機會，我們不需要選擇，可以兩者兼得，情況比你想像中的良好，但你還是得維持平衡，以免哪一天掌控不住情勢而被財務問題反噬。

☆ **符號象徵**

　　戴著高帽的主角：這裝扮其實像小丑，玩著兩顆錢

幣的樣子像極了馬戲團，有種帶著遊戲的心情優遊於財務遊戲中的象徵。

兩個錢幣與無限大符號：說明的是兩個以上的財務計劃，呈現出無限或良好的循環。

波濤洶湧的海浪：情況是起伏不定的，同時操控兩個錢幣是具備風險的，但目前你運勢正佳，可以順著局勢乘風破浪。

☆ 基礎解讀

左右逢源是很多人都想要的景況，魚與熊掌兼得本身就擁有一定的技術難度，所以錢幣 2 的主角的表情並非愉悅，更多的是緊張而謹慎的表情，他關注著下面的錢幣，表示如果關注度不足，這個錢幣就會掉了。

事業：你正處於事業的多變時期，財富的管道多元，你正試圖整合，這樣的情況或許無法太久，你得找到一條清晰順暢的財富之道。

感情：比較好的情況是感情、事業兩得意。當然，也有可能當事人腳踏兩條船了，目前的情況是可以維持兩段關係的，但久了自然也會出問題，要在意外到來前做出選擇才好。

財運：可能是兩份收入或斜槓兼職，總之，你有多元的進財管道，要好好規劃時間，才能夠讓錢越賺越多。

學業：學業成績良好，也可能是兼顧了學業與玩樂或兩種以上的身分。

☆ 逆位解釋 ●

錢幣 2 逆位，代表你無法兼得了，你得選擇放棄一個錢幣，才不會導致兩個錢幣都損失，任何想要維持現狀的想法都是不智的，你需要棄車保帥，保有自己最核心的利益，快速地放掉次要的，停損，才不會導致更大的損失。

☆ 塔羅建議 ●

錢幣 2 的無限大符號最佳的解法是兩個錢幣之間擁有很好的循環，比如你賺了錢，認識了很好的合作夥伴和客戶，因此賺了更多的錢，就去認識更好的合作夥伴和客戶，一套模式不斷的循環，讓你達到事業的高峰。這張牌的另一個提醒是，不要太貪心，現在能夠兼得，可能是你用體力和腦力換來的，但這種情況通常並不持久，要懂得適時轉換。

錢幣

3

分工合作

☆ **基本意涵**

　　你是個擁有專業與想法的人，工作能力好並且團隊能力佳，那麼在現在的單位好好的將理想付諸現實，萬丈高樓平地起，你正在建築自己的事業高樓。

☆ **符號象徵**

　　錢幣變成了房子的雕飾：錢也可以是不動產。也象徵著你賺錢的能力有如房

塔羅教典·逐張解密，分項解答，按圖索驥學會塔羅牌·

子一樣的穩固。

工匠：專業人士，雕刻壁畫與建造教堂的主要人物。

修士與修女：在此有分工合作的意涵，代表各具專才的三個人一起商討建築偉大的教堂。

☆ 基礎解讀

財富的第一階段，是要擁有自己的專業與才華，並且找到認可你的人共同工作或受雇於他，在時間的洗禮下漸漸茁壯自己，最好蓋起了事業的大樓，錢幣 3 說明了你的能力與基礎穩固，只需要好好做，假以時日，必有成就。

事業：工作穩定，並且團隊契合。如果是找工作，建議要找與自己專業匹配的，並且不能是單兵作業，最好有團隊合作。

感情：雖然牌面上有三個人，但由於這張牌是分工合作的意思，所以代表關係的雙方願意分工，爲未來打下美好的基礎。

財運：財運狀態良好，基於你的工作專業能力，你會獲得適當的金錢回饋。

學業：成績優勢，可能是藉由分組報告獲得好成績，或是找人一起學習和讀書，可以有良好的效果。

☼ 逆位解釋

錢幣 3 逆位，主要說明事業的停滯不前，或是財務停滯。感情方面，代表雙方的願景不同，房子蓋不下去，好一點是維持現狀，壞的可能導致分手。偉特在書中說，這張牌的逆位有庸才的意思，平庸的才能，不適合做太專業的工作，也有可能是塔羅牌在提醒你，這份工作不符合你的需求，團隊也不佳。

☼ 塔羅建議

由於 3 號牌只到了塔羅數字的第一階段，所以目前你的專業也尚在基礎，你需要更多的表現機會，讓你的事業越來越穩固，你可以為自己訂下計劃與承諾，步步為營，在不久的將來應該能獲得豐碩的成果。

錢幣

4

保守

✿ 基本意涵

這個人頭上頂著錢，手裡抱著錢，腳下踩著錢，十足的小氣鬼，但以他個人來說，他緊握自己所擁有的，雖然保守但相對穩定。

✿ 符號象徵

頭上的王冠：這個人可能是個城主，偉特說明這是個繼承者，所以也有富二代或官二代的象徵。

王冠上的錢幣：你擁有了錢，同時也被錢驅使，變成被錢控制的腦袋。

抱著錢：配合黑色斗篷，都有放不開心胸和心情沉重的意思，你想要緊握財富，讓你跟別人產生了距離。在原始版中，主角的眼睛是紅的，擔憂錢到連睡覺都睡不好。

背後的房子與城市：可能是你擁有的房產或資本主義的世界，你似乎擁有穩定的財務狀態，但相對的，你就困於資本世界的規矩中。

☆ 基礎解讀

如果你已經擁有很多財富，那麼，這是張好牌，但如果你尚在事業拓展階段，那麼，過度保守的行為會使你停滯不前。錢幣4珍視自己擁有的一切，但並不善用自己的財富和資源，導致財富的增長有限。如果你喜歡目前的自己，那麼可以持續，並且不會輕易被改變，但如果你明顯覺得不足，或許你該考慮錢幣2的狀態，讓自己有多元財富的可能。

事業：事業穩定，同時也出現瓶頸，堅守崗位是好牌，換工作則不可能。

感情：基於財務的關係是穩定的，但感情和心理的交流是少的，建議多溝通關心彼此的狀態。如果是追求或還沒交往，那麼，這張牌代表維持現狀。

財運：好的解釋是穩定，不好的解釋是停滯，端看你的

問題而定。

學業：學業狀態是穩定的，但如果你成績不好，也會持續不好，錢幣 4 基本上是維持現狀的意思。這張牌有利於考保險、金融、房產證照。

☆ 逆位解釋

錢幣 4 逆位時，財富會不穩定，導致當事人的生活壓力與煩惱，如果是問感情，也說明著感情出問題的根本是錢，這是一段因為錢財而不穩定的關係。也要小心財務的詐騙或資金的運用。

☆ 塔羅建議

這張牌的好壞，端視你基礎而定，基礎好又穩定則未來美好，沒什麼錢的穩定則需要打破格局，否則貧困可能是將來的寫照。過度的執著於財務價值，是這張牌的通病，要學會放開心胸，與人分享榮耀，創造共贏，事業開闊。

錢幣

5

貧窮

☼ 基本意涵

你正經歷財務的低潮，貧窮有如傷殘人士在雪地裡拖沓，辛苦而蹣跚。教堂並不拒絕人，但物質的貧窮導致心靈的貧窮，這兩個窮人並沒有看到教堂的美好，只顧著自己悲慘。

☼ 符號象徵

貧窮的兩人：有時代表身體的受傷或不舒服，需要

注意健康。有時，也可代表貧賤夫妻，或是共患難的兩人。

雪地：兩人的賺錢能力不佳外，環境也不佳，正在經歷財務的寒冬。

教堂的窗戶：美好的心靈與願景，如果願意有信仰，或許可以改變人生。另一個解法，雕在窗上的錢幣，象徵著財富的鏡花水月，那不是你真實擁有的。

☆ 基礎解讀

財務的混亂與低潮是錢幣 5 的基礎解釋，你可能沒有生財能力或因為自己愛亂花錢而導致貧窮，在關係中也常常因為錢而吵架或自卑，這是一張該重整自己財務價值觀的牌，否則窮神將持續陪伴著你。

事業：事業正在經歷低潮，工作也找不到方向，如果可以低調度日還有可能等待好時機來臨時再賺錢。如果你在找工作，就建議你有什麼就做什麼不要挑了，目前的你沒有挑的本錢。

感情：貧窮圍繞著你的感情世界，如果你想要擺脫，得要有豐盛心靈的想法。少數的時候，這張牌代表不能去教堂的伴侶，意指婚外情。

財運：財運低落，你只能量入為出，找人幫忙，才能度過經濟的寒冬。

學業：因為財務和生活的原因導致學業考試不佳，也可

能你根本讀錯方向，要小心陪伴你的讀書夥伴，他是跟你一樣沒有實力的人。

☆ 逆位解釋

錢幣 5 逆位的時候，象徵性的窗戶會變成了門，正應了那句西方的諺語：「上帝為你關了一扇窗，會為你開另外一扇門。」代表你正漸漸脫離財務的低潮，你要有穩定的財務紀律與規劃，才不會再度落入貧窮的窘境。逆位在感情中，通常代表有結果，你遇到陪伴你度過苦難，一起苦盡甘來的伴侶。

☆ 塔羅建議

要徹底改變貧窮，就要檢討自己的理財方式和信念。貧窮的原因可能是未通曉前幾張錢幣牌的要點，錢幣 2 的多開發財源，錢幣 3 的訓練專才與人脈，錢幣 4 的保守與穩固，你都沒有好好的學習，你得好好檢討自己對錢的看法，才能夠改變貧窮的信念與本質。

錢幣
6

雇傭

✿ 基本意涵

　　富人發錢給窮人，窮人
跪地乞求，秤是平衡的，因
爲雙方各得所需，窮人獲得
了金錢，而富人得到了尊重
與驕傲，你覺得富人照顧了
窮人的生活，其實窮人也滿
足了富人的虛榮。

✿ 符號象徵

　　富人：擁有資源的人，
他正在找尋讓他施捨的人，

延伸為找尋替他工作的人，這是一張老闆找到員工的牌。

窮人：跪地代表尊重與乞求，也將獲得相對應的金錢回饋，延伸為窮人找到照顧他的人，同時也是員工找到老闆的牌。

秤：公平的交易。

天空中的錢幣：錢幣的交換是一種意象，但它不是左右平衡的，顯示真正的公平交換是不可能的，一方一定拿得比較多，這是市場法則。

☆ 基礎解讀

錢幣 6 說明一種關係平衡，但地位不平等的情況。不論在感情或工作上，都象徵著地位的差別，權力來自於經濟給予的那方，基於資本主義社會分工的原理，這也沒什麼好意外或奇怪的，雙方合意即可。

事業：事業上的短暫平衡，或在工作中獲得了公平的回饋。

感情：感情關係中有著物質的照顧，被照顧的一方必須聽話或付出誠意，以讓付出的一方平衡。

財運：財務狀態趨於平衡，但這張牌並沒有偏財，還是需得努力勞動和給予公司及老闆尊重才能獲得錢財。

學業：功課要好需得花錢，可能是需要補習或找家教。如果是問考試，代表經由努力可以獲得公平的成績。

☆ 逆位解釋

錢幣 6 逆位，代表關係的不平衡，你想要離開不被尊重或地位不平等的關係，這是一張員工離開老闆或老闆開除員工的牌，當事人即將邁向新的旅程。在感情上，代表對錢的使用感到不公平，或生活上的不平衡，有時是想分開了，當事人想離開物質上照顧的不平等關係。

☆ 塔羅建議

錢幣 6 是一個成長的過程，為了錢而工作，賺到錢去換取自己喜歡的東西，用錢來衡量世間的價值，但在內心深處，還是不要忘記自己的理想和夢想，我們人真正想要的還是真心的感情而不是交換的利益吧！

錢幣

7

投資

☆ 基本意涵

　　曾經你的努力，獲得了豐厚的成果，你感到開心，但舊的模式已經告一段落了，你現在得進行下一次的投資，又是一個新的風險，考慮清楚了嗎？想好了就可行動。

☆ 符號象徵

　　橘色衣服的主角：橘色是曖昧的顏色，介於熱情和

精神性之間，代表當事人在思考如何行動才能獲得真心想要的結果。

樹上的錢幣：曾經努力獲得的成果。

挖出在地上的錢幣：現正考慮投資的方向，主角的表情並非期待或愉悅，而更接近於沉思或煩惱，來自於對將來獲利與否的擔憂。

☆ 基礎解讀

錢幣 7 是考慮投資的象徵，煩惱的原因是舊的模式可能不管用了，也有可能是當事人已經厭倦了舊的模式，那獲利有限的投資你不想要再重複了，要如何能夠讓財富更進一步呢？錢幣只有一個，時間就是一次，投資應該都能獲利，但獲利的多寡來自於你有沒有真正擷取的最佳的獲利模式。

事業：你的事業基本狀態不錯，正在考慮是否要更積極爭取下一步的投資，可能是時間或精力的投資，繼續投注在目前的公司是否有意義，這都是你可以思考的。

感情：代表當事人以投資的概念來看待感情，現在正進入到要不要繼續努力讓關係前進的階段，這張牌沒有標準答案，當事人想清楚就好。不想前進，現在也可以是一個斷點。

財運：財運是好的，才剛獲利，正在考慮下一次獲利的模式。

學業：學業成績有了一定的成果，你正在考慮是否有更好的讀書方法，讓自己的成績再次進步。

☆ 逆位解釋

錢幣 7 逆位，代表當事人不願意投資，工作和感情不想再前進。同時，這張牌的逆位代表著損失，或投資失敗，優點是損失幾乎不影響到本金，他是把獲利的一部份花掉了，那麼，你將來還有機會賺到新的錢。

☆ 塔羅建議

財務的投資本來就是一門學問，要進行下一步之前，要多詢問專家的意見，有足夠的參考標的之後，再進行下一步應該會更穩定。至於在感情方面，基於投資的想法來談戀愛並不是錯的，但你打量別人的同時，也得接受別人的審核。

錢幣
8

努力工作

✿ 基本意涵

　　當我們勇於承擔，並且努力於完成對未來的承諾時，我們就會受到人的敬重與讚賞，你還需要時間，針對你的專業雕琢，請專注於當下，認真的人最帥氣。

✿ 符號象徵

　　雕琢錢幣的主角：正在努力於當下的工作，專注於專業的狀態。

樹上的五個錢幣：曾經努力獲得的成果。

地下的兩個錢幣：尚待雕琢的技藝，有時也代表尚未完成的承諾。

遠方的城市：安全感的象徵。在此，說明主角承諾了該城市的人要雕琢八顆錢幣給對方，而現在正在努力。

☆ 基礎解讀

錢幣 8 是我們做喜歡工作的基本狀態，專注於當下，專注於我們的創造物，隨著時間的推移，我們可以產出越來越多的成果，讓別人看到。這也是一張重視信用和工作品質的人會抽到的牌，你是個願意付出的人。

事業：事業正處於良好的狀態，基於你願意努力並給予老闆的承諾，可在不久的將來獲得成功。。

感情：你對感情有所承諾，並願意為了承諾而努力，雙方的工作在互相的打拼和扶持中有良好的進展。單身的人如果抽到，則建議好好工作以增加魅力。

財運：財富有了基礎的累積，但你還需要更加努力才能夠獲得更多的金錢，財務計畫會依序達成。。

學業：學業成績良好，你的努力會獲得回報。考試則還需要努力，現在還不是鬆懈的時候。

☆ 逆位解釋

錢幣 8 逆位，有幾種可能，首先，代表當事人志不在此，所以工作起來沒有樂趣。接著，不認眞工作的人，也可能是不遵守承諾，不被信任。偉特在書上說，這個人巧用心機而逃避責任，說明不好好工作而長於人事鬥爭，導致事業狀態不好而損失收入。

☆ 塔羅建議

錢幣 8 只能投注心力於志趣所在，但當有了成果的時候也要適當的驗收，所以，寫出自己的願景，標示出階段性的任務，適時的鼓勵自己是很重要的，埋頭苦幹或許也可以，但如果沒有自我犒賞，人不是機器，努力的太久怕是會彈性疲乏。

錢幣
9

有錢有閒

☆ 基本意涵

　　在某些時刻，我們的人生達到了自我滿足，或你放下了再次競爭，你就會得到悠閒度日的感受，這是一位有錢又有閒的女士，雍容的態度讓他愈顯高貴。

☆ 符號象徵

　　主角穿著：黃色並有鬱金香符號的衣服，象徵著商人或貴族的氣息。

塔羅教典・逐張解密，分項解答，按圖索驥學會塔羅牌・

葡萄園：錢幣置身於主角的背後，以葡萄園爲象徵，說明主角擁有資產，財富能自動運作積累的狀態。

左手的鳥：代表玩樂，有閒的象徵。在此也代表玩弄關係的可能性。

蝸牛：說明生活步調緩慢。

☆ 基礎解讀

錢幣 9 的有錢又有閒的品質，經常出現在獨立自主、自給自足的單身人士身上，畢竟，如果有家庭有小孩，要達到有閒是很困難的，但如果一個家庭中的女性，事業心強，又懂得分配工作，那麼，也是有可能抽到這張牌的。

事業：事業來到了一個穩定階段，你感到自我滿足，持續目前的生活與狀態，不會有太大的問題。

感情：單身者如果想要找對象，通常代表著你把自己過得太舒適了，難以找到匹配之人。有伴侶的人抽到，則代表著愉快而自由的關係，對方給你很大的空間，讓你可以做自己。

財運：財務狀態良好，你有金錢和時間可以規劃娛樂活動。

學業：學業狀態基本良好，但如果是剛開始的學習就抽到這張牌，則代表過度放鬆，或者並不積極於考試。

☆ 逆位解釋

　　錢幣 9 逆位時，有兩個極端，你可能很有錢，很努力賺錢，但是卻無法享受生活，呈現出有錢沒閒的狀態。或者反過來，你可能很閒，卻沒有很努力賺錢，財務狀態低落，卻讓自己過得很輕鬆，沒有意識到財務壓力，呈現出有閒沒錢的狀態。在感情方面，可以代表偽單身，或是被欺騙的感情。

☆ 塔羅建議

　　對很多人來說，錢幣 9 是一種狀態，說明一個人很有錢，但其實，真正有錢的事業人士很少抽到這張，他們通常是不斷地追求新財富的錢幣 Ace 或努力未來的錢幣 8，錢幣 9 是一個人滿足於當下，對自己生活有想法的人抽到的，有錢有閒從來都是一種心態，而不是狀態。

錢幣
10

財富

☆ 基本意涵

當錢幣來到了頂點，生命中都是錢，你用錢來衡量人生成就，那麼，你或許真的會擁有許多錢財，但你跟別人距離也拉開了，你可能得保持冷漠，以免別人覬覦你的財富。

☆ 符號象徵

老人與狗：富翁即有錢人，身披著袍子與梁柱上的

雕飾，都象徵著有錢有勢。但他卻沒有朋友或家人，他只有狗的陪伴，因為狗不會覬覦他的財富。

守衛：代表防備心，有錢人是很有防備心的，現實中的豪宅也都有警衛守護。

女子與小孩：代表被拒於門外的朋友，這張牌有感情疏離的象徵。

排列成卡巴拉符號的錢幣：卡巴拉是猶太教的神祕學，在此說明著學習塔羅必須學習卡巴拉，另外說明人想要擁有財富，可能需要神祕學的幫忙。

☆ 基礎解讀

錢幣 10 基本上是好牌，雖然他有感情疏離的象徵，但當我們有錢有勢的時候，或許我們不會這麼意識到人際關係的疏離，如果我們願意，隨時也能夠把親友招喚到身邊來，但人們也很難不是因為錢想親近你，這是你得考慮到的情況，當你有錢之後，別人看你的眼神和心態都不同了。

事業：事業狀態良好，賺錢機會很多，你可以規劃和布局更大的版圖。

感情：可能是建立在物質上的關係，但無論如何，感情是穩定的，可能雙方的事業都是順利的，或基於事業而在一起打拼的關係。

財運：賺錢機會很多，財富的累積很快，趁著這波好運

你可以更積極一點。

　　學業：讀書情況普通，基於畫面的配置，你可能是被拒於門外之人，可能要找家教或補習才能有好成績。

☆ 逆位解釋

　　當錢幣 10 逆位的時候，代表錢出了問題，而關係的疏離顯示出了負面的影響，你可以想像，當一個人有錢的時候，別人還會仰你鼻息，但當你失去財富優勢的時候，親友可能迅速遠離你，因為你並沒有真心交友，這是一張該檢討自己的財務和人際狀態的牌，你正處於財務的掏空和自以為有錢的狀態中。

☆ 塔羅建議

　　錢幣 10 是財富的極致，但當人生只剩下錢的時候，感情、理想、勇氣和挑戰目標的鬥志都將消失，那麼，有錢將變得毫無意義。事實上，真正的有錢人很少抽到這張，因為有錢人並不對自己的財富感到滿意，他們會如錢幣 7 不斷積極投資，或像錢幣 3 不斷建築基礎，創造未來。

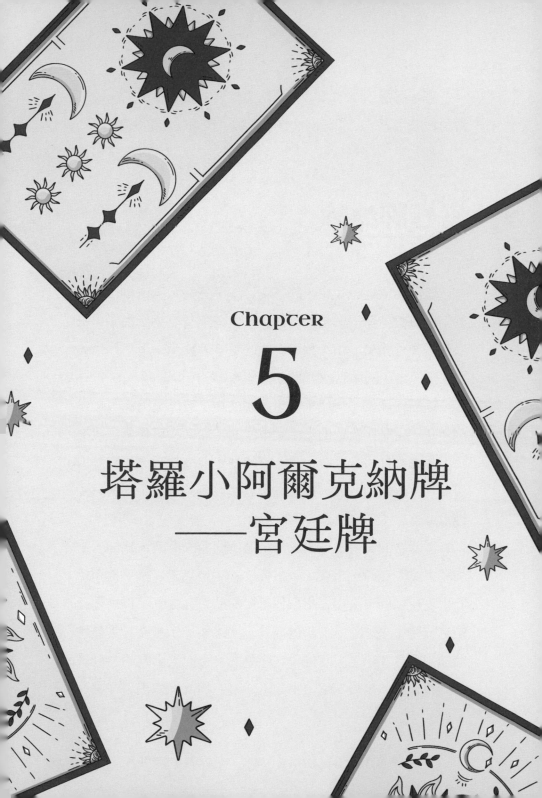

Chapter

5

塔羅小阿爾克納牌
——宮廷牌

宮廷牌是人物的象徵，通常由侍者、騎士、王后、國王等角色來代表，說明不同性格的人物，在事件中的影響。

宮廷牌總論

　　塔羅的問題分類中，將答案分成了三類，決定事情發展的三個關鍵，第一個是精神內涵，由大阿爾克納牌顯示。第二個是事件趨勢，由小阿爾克納的數字牌顯示。第三個是人物決定，由小阿爾克納牌的宮廷牌顯示。

　　以工作為例，一個人做事為何成功？可能是因為我的崇高理想，帶動了自己的人生和事業的走向。也可能是我能把每個步驟都做得很好，一步一腳印地走向成功。但還有一種可能，就是跟對了人，假想你跟著比爾蓋茲做事，那麼只要他飛黃騰達了，你也就一樣的成功。

　　宮廷牌的出現，代表人物是這個問題的關鍵。比如，當你問事業問題時，出現了一張權杖國王，代表一個男性角色將出現在你的事業中，提供你重要的助力和視野，你需要藉由這位男子來達成下一步的成就。又比如，一個極其常見的問題：「今年我是否有機會談戀愛？」牌面上出現的宮廷牌暗示著有對象出現，反之，如果一張人物都沒有出現在牌面

上，則代表沒有太多機會出現，或沒有確定的對象會出現在你今年的命運中。

宮廷牌的解法

一般來說，宮廷牌可以分為三種解法：

一、代表人物： 特指問題中出現的某個關鍵人物，正位通常是助力，而逆位是阻力，有時候代表自己，正向的或負向的自己。

二、代表某一特質的顯現： 每個人的特質和身分都是綜合的，一個 30 歲的主管認為自己是國王，當他詢問跟員工的關係時，出現了寶劍國王代表自己，說明智慧和專業的主管。但當他詢問跟老闆的關係時，或許抽到的是權杖騎士，富有行動力和突破能力業務悍將。這兩個宮廷牌都是他，但在不同的情況下，顯示出不一樣的特質。

三、代表事件： 每一張宮廷牌都代表元素和位階的交疊，可用元素象徵與人物象徵的相重性來聯想解釋，運用時以牌組為主體，人物為形容詞，即「以ㄨㄨㄨ（牌組）的方式來表達○○○（元素）」。如權杖皇后是火中之水，則解釋為以較有感情的方式行動；聖杯侍者，以想像力來表達感情

或學習。

✨ 宮庭人物表

	侍衛	騎士	王后	國王
人物	小朋友 年輕人	青壯年 中階主管	重要女性	男性長輩或主管 關鍵男性
特質	年輕 活潑 好奇心	行動力 自我掌控力 衝勁	女性的 有愛的 關心的 感情化	成熟 穩定 完成的
事件	新的訊息 新的事件	行動事件	感情事件	穩定成熟的事件

✨ 事件表

	侍衛（訊息）	騎士（行動）	王后（感情）	國王（穩定）
權杖 （火）	行動訊息	熱情的行動	行動有感情	穩定的行動
聖杯 （水）	感情訊息	感情行動 （追求）	專注的感情	穩定的感情
寶劍 （風）	傷害訊息	傷害的行動	理性的感情	專業的理性
錢幣 （土）	財務訊息	財務的行動	兼顧物質感情	財務的成就

☆ 四大元素人物表

	侍衛 （訊息）	騎士 （行動）	王后 （感情）	國王 （穩定）
權杖 （火）	活潑的 小孩	熱情、富行動 力的男性	熱情、溫暖的 女性	有看法、有做 法的主管
聖杯 （水）	浪漫的 小孩	浪漫、懂女性 的白馬王子	專注、富創造 力的女性	FQ 高、關心人 的好男人
寶劍 （風）	好辯的 小孩	快速、激進的 正義之士	理性、受過傷 的女性	理性、明快的 專業人士
錢幣 （土）	務實的 小孩	務實、重視金 錢的黑馬王子	財務、家庭平 衡的職務婦女	物質豐碩的 有錢人

權杖侍者
· PAGE OF WANDS ·

行動的訊息

PAGE of WANDS.

☆ 基本意涵

　　一個對世界充滿好奇心的孩子，積極、主動的探索著這根權杖，權杖似乎比他還高，因為他得好好學習，才能掌握方向與目標。

☆ 符號象徵

　　山：困難。侍者前方有一座座的高山，等待他去跨越。

　　衣服上的蜥蜴：火元素

塔羅教典 · 逐張解密，分項解答，按圖索驥學會塔羅牌 ·

的象徵，代表他有好多基礎的功課需要達成。

事件看法： 權杖侍者基本上跟行動事件有關，比如登山、旅遊、烤肉等戶外活動，廣泛延伸的話，大型的聯誼活動或團康互動也是。

☆ 基礎解讀

權杖侍者，基本上有三個方向的解法：一是代表一個年輕人將出現在事件中，特質是熱情並富有行動力，可能不太成熟或經驗不足，但態度是積極的。二是代表你可以積極探索目前所詢問的問題，這是一個良好的開始。三是建議你以好奇心和探索的態度去開始你在問的事情。

事業： 一個熱情的年輕人正在影響著你的工作，基本是來幫助你的。或者你的事業正處於探索期，你可以積極嘗試各種可能。

感情： 將會出現一個熱情活潑的年輕人在你的感情生活中，如果你喜歡的話，可以試著發展看看。

財運： 目前的你正處於積極探索理財概念的階段，不適宜大投資，但學習和執行財務計劃是可以的。

學業： 如果是體育或戶外學習的課程將會很好。成績還在進步的階段，考試是有幫助的，有機會邁向新階段。

☆ 逆位解釋

權杖侍者逆位，在人物上，代表一個不好管束的年輕人，或者帶來破壞的幼稚人物，建議要有明確或管理的姿態加以制止，不要讓對方把事情鬧大。在感情上，也代表一個情緒控制不佳的對象。事件上，說明等不到可以行動的機會或消息，也就是不要等了。

☆ 塔羅建議

如果你是年輕人，這張牌特別代表自己，則建議以積極、熱情的態度去探索你要問的事件，樂觀的行動會帶給你好運。如果你年紀不小，權杖侍者則希望你學習或結交年輕人，特別是那些可以帶給你熱情和行動力的小朋友們。

權杖騎士
· KNIGHT OF WANDS ·

熱情的行動

KNIGHT of WANDS.

✿ 基本意涵

你已經可以出征了，拿著你的權杖，騎著你的駿馬，掌握自己的方向，積極的開拓疆土。這是一個展現自我的機會，你可以積極前進。

✿ 符號象徵

山：困難。騎士的山比侍者小，顯示他走得更遠，也更有力量，他騎著馬的前

腳高過山頭，象徵著他有跨越困難的能力。

衣服上的蜥蜴：火元素的象徵，代表他有好多功課需要達成，騎士的蜥蜴明顯比侍者大，代表他已經獲得很多成功，開始挑戰比較大的困難。

事件看法：權杖騎士基本上跟積極行動有關，侍者通常代表著嘗試或消息，而騎士則已經在跨越問題的路上了，以登山為例，侍者通常代表著登山的消息或嘗試，而騎士代表著你已經會登山或即將執行登山事件。

☆ 基礎解讀

權杖騎士，基本上有二個方向的解法：一是代表一個青壯年男子將出現在事件中，特質是熱情、行動力並有方向感，他是成熟並有經驗的。二是代表你有能力跨越問題，積極的態度和穩定的方向感，將會讓你未來的道路越走越穩定。

事業：一個積極的前輩、小主管或男同事正在影響著你的工作，基本是來幫助你的。或者你的事業正處於開拓期，你可以積極執行工作方案。

感情：將會出現一個熱情活潑的青壯年男子在你的感情生活中，如果你喜歡的話，可以試著發展看看。

財運：如果你正在執行一個財務計劃，則繼續執行是好的。有時，也代表一個 30 幾歲的男子將帶給你財運的拓展。

學業：如果是體育或戶外學習的課程將會很好，成績表

現良好，你可以前進你想要的學校。

☆ 逆位解釋

　　權杖騎士逆位，在人物上，代表一個在脾氣或行動上控制不良的中年男子，年紀可能在 25 歲到 45 歲之間，他對你產生負面的狀態。在工作上，代表一個小人或破壞你工作機會和步調的人。在感情上，代表男方成熟度不足或情緒控制不佳，也可能是事業沒有成就。

☆ 塔羅建議

　　這張牌如果代表事件，說明情況會如你計劃般的順利，你積極執行就好了。如果代表的是人物，則去尋找男性貴人的幫忙。如果占卜者是男性，則代表積極、自信有方向感，將會為你帶來勝利。

權杖王后
· QUEEN OF WANDS ·

有感情的行動

QUEEN of WANDS.

☆ 基本意涵 ─────●

　　你富有遠見，並善於管理，熱情是你的特質，但你不見得時時刻刻都以熱切的態度來對人，你有自己的規矩和步調，時間會用在重要的人身上。

☆ 符號象徵 ─────●

　　山：困難。王后的山基本很小，而且只在她的右邊，左邊則是一片沙漠，象

塔羅教典 · 逐張解密，分項解答，按圖索驥學會塔羅牌 ·

徵王后的困難有限，而且只準備好處理分內事。

獅頭椅：獅子座的象徵，象徵著管理權威或母儀天下的感覺。

向日葵：太陽花，帶來積極與熱情。

黑貓：直覺力與感應力。

事件看法：權杖王后說明行動中有感情，如同媽媽煮飯，是基於愛的行動，而廚師煮飯，就如同權杖騎士，單純為了行動而行動，並沒有愛的基調。

☆ 基礎解讀

權杖王后，基本上有三個方向的解法：一是在事件中出現重要的女士，做事情沉穩有態度，並且富有執行事件的能力，只是比較喜歡當副手。二是代表你擁有絕佳的直覺和執行力，維持好你的步調就會成功了。三代表你正在執行一個你喜歡的工作或項目。

事業：一位熱情溫暖的女性將會出現在你的事業中給你建議。女生抽牌的話可以代表自己。

感情：如果是女生問感情抽到權杖王后，而你的對象是男性，則代表你將會把自己生活得很好，不見得會談戀愛。如果是男生抽這張牌，則代表會出現能力好又積極的女性，你得好好把握。

財運：財務計劃基本良好，但行動要有紀律，才能對長

遠有幫助。

學業：學習上有熱情溫暖、態度明確的女性幫助你，考試跟管理或公務體系則會獲得不錯的成績。

✫ 逆位解釋

權杖王后逆位，在人物上，代表一個個性或脾氣上控制不佳的女性，對你產生負面的狀態。在工作上，代表一個小人或破壞你工作機會和步調的女性。在感情上，代表錯誤的對象或女方沒有準備好。

✫ 塔羅建議

權杖王后除了行動和積極性外，最重要的是態度和視野，王后看著遠方象徵著擁有遠見，拿著向日葵代表引領希望，黑貓代表直覺力強的判斷能力。善用你的能力將會獲得好成果。有時，王后代表的是副手，那個幫助國王的人。

塔羅教典 · 逐張解密，分項解答，按圖索驥學會塔羅牌 ·

權杖國王
· KING OF WANDS ·

成熟的行動

KING of WANDS.

✿ 基本意涵

　　國王是領導或老闆的象徵，有能力、權威、遠見和執行力的意思。權杖國王將會帶來安全感和積極的態度，兼具成功事業和管理能力的男子。

✿ 符號象徵

　　山：困難。國王基本已經沒有山了，在他視野所及都是平地，象徵著他已經沒

有困難的事了。

蜥蜴：火元素的象徵，椅子上的蜥蜴代表著國王是能帶兵與合作的，實體的蜥蜴，代表國王可以把想法化為具體的成果。

事件看法：國王代表穩定或成熟的象徵，權杖則是行動的，兩相結合說明成熟的行動能力，或你正在執行一項穩定的事業，並獲得成就。

☆ 基礎解讀

權杖國王，基本上有二個方向的解法：一是代表成熟的男子將出現在事件中，特質是熱情、態度積極有方向感。二是代表你具備視野和行動力，相信自己並展現工作態度會帶來成功。

事業：如果代表自己，則你只要計劃好了行動就會成功。如果代表別人，則是長官、老闆或前輩是厲害的人，你積極跟隨就會成功。

感情：將出現事業成就和人生態度積極的男子，通常是主管級或老闆級的。

財運：如果你正在執行一個財務計劃，則繼續執行是好的。有時，也代表一個成熟男子帶給你財運的拓展。

學業：學業成績良好，老師是肯定你的。考試時如果遇到男的考官或面試官是吉祥的象徵。

☆ 逆位解釋

權杖國王逆位，在人物上，代表一個在行動力和穩定性上無法兼顧的男性，要不太過積極行動，卻因穩定性不足而失敗，或也可能是太過穩定而不敢行動。

國王的年紀通常在 40 歲以上，逆位代表他不喜歡你，態度負面，建議你敬而遠之，不要自找麻煩。在感情上，女生抽的時候代表對這個男性的穩定度和成熟度不滿意，男生抽則代表對自己的成就覺得不足。。

☆ 塔羅建議

這張牌如果代表事件，則說明你的計劃可以執行，看準時機即可行動。如果代表的是人物，則去尋找男性貴人的幫忙，成熟並有身分地位的男子，個性通常海派和積極。如果占卜者是男性，則代表自信、勇敢會為你帶來勝利。

聖杯侍者
· PAGE OF CUPS ·

感情的訊息

PAGE of CUPS.

✡ 基本意涵

　　一個感情豐沛的孩子，浪漫並極具創意的生活著，情緒的起伏雖然挺大，但悲喜交替的直率還是讓人喜愛，他似乎正跟魚對話，這是極有想像力的象徵。

✡ 符號象徵

　　水：情緒或潛意識。侍者的情緒起伏有如海浪波濤，讓他們能像戲劇般的體

塔羅教典 · 逐張解密，分項解答，按圖索驥學會塔羅牌 ·

驗人生。

衣服上的荷花：內在純潔或純愛的象徵。

魚：水元素的象徵。說明擁有自我對話的創造力。

事件看法：聖杯侍者基本上跟情感的事件有關，延伸爲你喜歡的事情，戀愛、新體驗或學習一門新的學問。

☆ 基礎解讀

聖杯侍者，基本上有三個方向的解法：一是代表一個年輕人將出現在事件中，特質是浪漫並富有感情，雖然並不成熟，卻讓人覺得可愛，他可能會講故事給你聽，或送你他精心製作的小物。二是說明你問的事情將會有浪漫的發展。三是說明這是一個好消息，你喜歡的學習。

事業：一個浪漫的年輕人正在影響著你的工作，基本是來幫助你的。或者你的事業正處於學習期，你可以積極嘗試各種可能。

感情：將會出現一個浪漫富有感情的年輕人在你的感情生活中，如果你喜歡的話，可以試著發展看看。

財運：財運普通，保持著學習的心情理財，能夠有好的創造。

學業：這是對學習很好的牌，你富有學習能力和積極的態度，因此，也能獲得良好的成績。

☼ 逆位解釋

　　聖杯侍者逆位，在人物上，代表感情不穩定的年輕人，也可能是情緒的掌控不佳，太過患得患失，有時是表達過度，反而造成關係上的麻煩，如果他對你來說有點不切實際，那麼他可能不適合你。事件上，說明你等待的好消息不會來到，建議不需要等待。

☼ 塔羅建議

　　如果你是年輕人，這張牌特別代表自己，則建議用心和感受體會生命中的事件，做自己真的喜歡的事情，發揮創意的寫作、繪畫或音樂創造都是好的，聖杯侍者是文創時代的新寵兒。

聖杯騎士
· KNIGHT OF CUPS ·

感情的行動

KNIGHT of CUPS.

✿ 基本意涵

　　一位騎士有如白馬王子般的降臨，挺直腰桿，拿著聖杯的樣子，相當有誠意的對你表達。他是有想法和目標的青年，願意為夢想付諸行動。

✿ 符號象徵

　　河流：情緒的象徵，此處馬輕易的跨越河流，象徵著騎士善於控制情感。

鴿子的頭盔：帶來和平的消息。

盔甲上的金魚圖案：美麗且有魅力的象徵。

事件看法：聖杯代表感情，騎士代表行動，這是富感情的行動，可能是追尋理想或夢想，總之是做喜歡的事情。

☆ 基礎解讀

聖杯騎士，如果代表人物是一個你看上眼或喜歡的男士出現了，呈現出正向的情感交流。也可能說明事件將有你喜歡的發展方向。或者說明這是一個浪漫的行動，爲理想而前進。

事業：一個富有理想性的年輕人將會成爲你的貴人，你應該要積極的尋求合作的機會，抱持理想，你將可輕易跨越目前的鴻溝。

感情：女性抽到則代表遇到理想的男性，男性遇到則說明自己應該保持浪漫和堅定的步調，表達自己的感情。

財運：雖然聖杯不代表金錢，但這張說明心情好的牌，財運會穩定的，也間接說明著有比錢更重要的東西，比如夢想。

學業：你正就讀你喜歡的科目，並且獲得良好的進展，如果要考試或出國讀書，這張牌說明可以前行的。

✿ 逆位解釋

聖杯騎士逆位，有三種情況，首先是說明錯誤的對象，一位過度浪漫或花心的男性出現在你的關係中，可能帶著欺騙的特質，但如果你願意玩玩，這還是可以挑選的對象。二是說明方向錯誤，這不是你想走的方向，不符合你的理想與興趣。三是事件因為情緒控制不佳而導致停滯不前。

✿ 塔羅建議

遇到理想的對象，應該勇敢的往前進，心動是難得的經驗，但也要有穩定的步調，考慮雙方的感情和生活價值觀，興趣和喜好是否適合走向長遠的未來。但有時，現在的白馬王子，不見得是最終的婚姻對象，反過來說，如果確定未來不見得會走到有結果，那麼珍惜現在也是好的。

聖杯王后
· QUEEN OF CUPS ·

專注的感情

QUEEN of CUPS.

☆ 基本意涵

　　女士認眞的看著手中的創造物，那是所有聖杯中最美麗的一個，雕花藝術皆美麗，心中所想便是手中所造，隨著情緒的浪潮，將感受轉化爲現實。

☆ 符號象徵

　　教堂樣態的聖杯：象徵著王后的創造力，也代表著信仰與虔誠的態度。

塔羅教典 · 逐張解密，分項解答，按圖索驥學會塔羅牌 ·

專注地看著杯子：認真於創造之物。

椅子上的人魚：富有創造力，愛小孩並樂於與小孩相處。

水潮：象徵著王后創造事物的來源，來自於情緒的動力。

事件看法：聖杯代表感情，王后也是感情，雙倍的情感將情緒的力量帶到了頂點，事件的答案將是你情緒專注的所在。

☆ 基礎解讀

聖杯王后，通常代表事件中出現了關鍵的女性，特質是溫柔、感性的，也可能是專注而堅定的，你該做好跟她溝通的準備，正位象徵著助力，但通常你得用對方法，知道聖杯王后在意的事情是情緒方向的正確與否。如果王后代表你自己，則代表你可以專注情緒，將想要的結果呈現出來。這張牌具有藝術性及創作力，針對藝術家、作家、漫畫家是好牌。

事業：你可以去找尋一個情緒專注，創造力很強，很在乎自己的成果的女性，她將會給你支援與幫助。

感情：男性可以找到適合的女性，女性則得專注於自己想要創造的感情價值上，也可以解釋為你可以創造自己想要的感情。

財運：如果你的情緒專注度夠，那麼創造財富不會是問題，重要的是賺錢的感覺，而不是賺錢的數字。

學業：女老師對你有幫助，如果你是社會人士要考試，你應該會考得不錯。

☆ 逆位解釋 ─────────────────●

聖杯王后逆位，說明一個女性成為你的障礙，特質是情感偏執，吹毛求疵，最好敬而遠之。如果是男性問感情，則代表女方不是你適合的對象，女性問的話，則說明你沒有做好擔任女主角的心理準備。

☆ 塔羅建議 ─────────────────●

心靈成長有句話：「能量集中在你專注之處。」最適合拿來說明聖杯王后這張牌了。你是能夠心想事成的，但重點是你把焦點集中在何處，集中在希望則希望發生，集中在恐懼則恐懼出現，要審慎選擇自己的信念。

聖杯國王
· KING OF CUPS ·

穩定的感情

KING of CUPS.

☼ 基本意涵

　　男子穩坐於王座中，波濤的海浪並非代表他的情緒波動，反而說明他能夠抵擋情緒的起伏，有耐心地望著遠方，他著眼於未來的幸福與成就。

☼ 符號象徵

　　波濤的海浪：外面起伏的情緒。

　　石椅：內在穩定的象

徵。在此說明國王面對他人的情緒能夠處變不驚。

鯨魚：智慧的象徵。另外，鯨魚是海中之王。

左手的權杖：似有未開的蓮花座，這是內在純潔的動力。

事件看法：國王代表著穩定和成熟，你擁有穩定的感情或高超的 EQ，很會照顧人，內在也很溫暖。

☆ 基礎解讀

聖杯國王，代表一個溫暖而成熟的男性將成為你的助力，你可以請他幫忙或好好地跟他學習，他將耐心的教導你。如果你正好是超過 40 歲的成熟男子，這張牌可以代表你自己，你擁有良好的視野和前瞻性，持續前進將會有好的成果。聖杯國王也代表你坐得很穩。

事業：你有個好老闆在情感上支持著你，當然，你也可以是這個老闆，事業隨著你的眼光和情緒的穩定而發展得越來越好。

感情：女性抽到代表你將遇到良好又會照顧你情緒的伴侶，男性抽到則代表自己是感情成熟的角色。

財運：財務基本是穩定的，來自於你的情緒穩定，不易受外在波動影響。

學業：溫暖又學識豐富的男老師將是你的貴人，按著老師的建議與規劃將會獲得好成績。如果是升遷或升等考試，

這張牌代表好消息。

☼ 逆位解釋

聖杯國王逆位，代表你很可能遇到了感情騙子，最輕微也是遇到不適合的男性，對方或許溫柔或浪漫，但他無法給你身分或穩定的情感照顧，建議你多觀察，不要輕易嘗試。如果是男性自己抽到，則代表你沒有準備好當男朋友或對於自己的身分不認同。在事業上，則說明老闆可能不喜歡你，或你遇到情緒化的長官。

☼ 塔羅建議

聖杯國王的確是好老公的象徵，兼具包容力與穩定性的溫和男子，你應該要好好把握，但你也該培養相對的溫柔能力，對等的關係才能長久。如果是事業上的夥伴，則你遇到了很好的老闆，值得你好好學習。

寶劍侍者
· PAGE OF SWORDS ·

傷害的消息

PAGE of SWORDS.

✵ 基本意涵

英勇的少年，拿著寶劍期待著敵人，只是他還不成熟，還屬於成長階段，站在不穩定的高地上，他需要熟練自己的技術，才能在將來獲得成就。

✵ 符號象徵

樹：思想的速度變化快。

鳥：思想的數量多。

雲：思想的狀態飄來飄去。

高地：不平穩的狀態。

事件看法：寶劍筆直是理性成熟的，不成熟的侍者拿到劍則會帶來傷害，消息的不穩定，好戰卻沒有結果的。

☼ 基礎解讀

寶劍侍者代表情況不穩定，想法很多卻沒有重點，沒弄好會帶來傷害的消息。偉特說，這張牌也代表刺客，說明在感情和工作中遇到了小人，要謹慎應對。另外，這張牌也有八卦消息的意思，唯一的好處是，劍向著外，你還沒有受到傷害。

事業：除非此事正處於剛開始的試驗階段，否則這張牌代表不穩定。工作場合中的年輕人可能不懷好意，心存挑戰，要小心應對。

感情：如果你要尋找的是年輕可鬥嘴的對象，那這是張好牌，但如果你想要找成熟溫暖的，你可能得考慮他可能不適合你。

財運：財運處於危險的狀態，不宜冒進，要小心市場上的錯誤消息。

學業：學業是不穩定的，你可能需要更認眞，調整讀書計劃。考試成績基本不佳。

☆ 逆位解釋

　　寶劍侍者逆位，要小心年輕人和暗藏心機之人，如果有人特意接近你並試圖給你意見，那可能會爲你帶來傷害。逆位的寶劍通常已經造成傷害，你應該可以輕易地找出隱藏的間諜，不要疏忽大意，你正處於事業的不穩定期。在感情上，關係的其中一方帶來了壞消息，或代表關係根本不穩定。

☆ 塔羅建議

　　在事情發展的初期，善變的思想會帶來發散的創意，腦力激盪是好的，但時間久了，就要進入穩定期，不再胡思亂想帶來困擾。寶劍侍者提醒你，要收斂思維，積極的執行想法，你才能獲得進展與經驗。在感情中，要小心輕佻的言語帶來關係的傷害。

寶劍騎士
· KNIGHT OF SWORDS ·

快速的行動

KNIGHT of SWORDS.

✿ 基本意涵

　　武士高舉寶劍，縱馬狂奔的衝殺，開闢戰場。這是最可怕的敵人，擁有強勁的破壞力，卻也是最好的戰友，可為你衝鋒陷陣。

✿ 符號象徵

　　樹：思想的速度變化極快。

　　鳥：思想的數量少。

　　雲：思想的狀態瞬息萬

變。

馬：衝得相當快，眼睛看向後方，說明思維跟不上速度，行動先於思維的象徵，先做再說或快速行動的意思。

蝴蝶：風元素的象徵物。

事件看法：快速的行動可以突破目前的狀態，寶劍屬風元素，騎士是火元素，風風火火的前進。

☼ 基礎解讀

抽到寶劍騎士首先要確認他攻擊的方向，基本上正位都是跟你比較要好的，但有時他翻臉也相當得快，所以要搞清楚他的步調，讓他成為你的助力。這張牌如果代表自己，則代表很快就會有結果，通常是好的答案。

事業：積極的衝殺會為你帶來良好的結果，不要拖延了自己的腳步。或者，你也可以去找尋做事果決的人幫忙。

感情：女生抽牌將得到一個積極追求的男性，這將考驗你是否喜歡對方的步調。男生抽到則建議你放手一搏，積極進攻以獲得答案。

財運：短期效果將是快而明顯的，但要記得見好就收。

學業：時間不多了，你得積極讀書才能獲得好成績。

☼ 逆位解釋

寶劍騎士逆位，很明顯的你遇到了一位強勁的敵手，

他可能精準而快速的攻擊你，你要躲避其鋒芒，寶劍騎士通常不持久，或者你得尋找後援，只靠自己難攖其鋒。在事件上，代表過度衝動的行為為自己帶來傷害，適可而止，才不會讓戰場擴大，對你毫無好處。

☆ 塔羅建議

當你具備了專業能力，思考漸趨成熟之後，便該將思想化為實際的行動以獲取經驗，讓自己成為更專業的人。在此時，要記得兵法上說的「兵貴神速」，做事不要拖延，看準目標，集中精神突破則能獲得成功。

寶劍王后
· QUEEN OF SWORDS ·

理性的感情

QUEEN of SWORDS.

☆ 基本意涵

女士穩坐高台，充滿智慧和堅定的視線，指揮著眼前的事務發展，她專業而態度高冷，讓人敬畏，而如果你有照著她的規矩，也將會獲得公平的犒賞。

☆ 符號象徵

樹：思想的速度變化慢。

鳥：思想的數量只有一

個，就是公平公正的想法。

雲：思想的狀態多但沉穩。

蝴蝶：風元素的象徵物。

風神的椅把雕飾：王后基本上是喜愛小孩的，但同時注重思想的溝通。

筆直的寶劍：公平公正的想法。

事件看法：寶劍是理性的，王后代表感情，通常人不會在年輕時就擁有理性的感情，而是在經歷一些傷痛和挫折後，才開始出現智慧，用理性來對待感情。

☆ 基礎解讀

寶劍王后代表一位握有權力，擁有理性和專業能力的女性將成為事情的關鍵角色，她通常代表專業人士，比如律師、醫師、會計師等，正位代表你將會得她的幫助，但你得相信專業，照著她的規定來做事情。

事業：你會獲得女性長官的青睞，但要保持專業和理性的能力，不可怠慢，則能獲得實際的肯定與幫助。

感情：女性抽到，說明保持理性的感情將對你有幫助，要相信自己的原則與規則，就會獲得地位與尊重。男性抽到，則要謹慎以對，也能有好結果。

財運：根據理性的判斷和專業的執行，可以獲得理想的財務回饋。

學業：專業的女老師將會對你的學業有幫助，如果代表自己，則說明嚴格的執行讀書計劃將能獲得好成績。

☆ 逆位解釋

寶劍王后逆位，代表有位女性採取攻擊的態度來反對你，在公司中通常是主管或別的有實力的角色，你得小心應對，不要被抓到把柄。在感情上，可能是另一半對你太嚴苛而讓你受傷，也可能代表你或對方的母親反對這段感情，你可能要去詢問他有什麼期待與規矩，方便你投其所好。

☆ 塔羅建議

抽到宮廷牌通常代表找人幫忙，但你也可以成為那個專業人士，寶劍王后建議你成為一個理性、有自己的想法和判斷力、嚴格執行策略的女性，側坐的王后，代表你要先經過理性（寶劍）才會遇到感性（王后）。

寶劍國王
· KING OF SWORDS ·

成熟的理性

KING of SWORDS.

✿ 基本意涵

　　擁有豐富經驗又態度專業成熟的男子將為事情定調，照著他的規矩走，順著他的想法做，則能獲得他的照顧與援助，他的關係中，派系分明。

✿ 符號象徵

　　樹：思想的速度變化無，代表相當有定見。

　　鳥：思想的數量有兩

個，公正的想法和經驗偏見。

雲：思想的狀態穩定，並有一朵雲飄出來，象徵著不穩定的偏見。

蝴蝶：風元素的象徵物。在背板上三隻蝴蝶符號呈現三角形，代表擁有帶領團隊的能力。

偏斜的寶劍：國王是經驗主義者，但經驗多了會帶來理性的盲區，成為偏見。

事件看法：寶劍是理性的，國王代表成熟和穩定，雖有偏見，但不影響專業程度和事情發展的良好，這將是符合你能力與專業的成功事件。

☆ 基礎解讀

寶劍國王代表一位握有權力，擁有理性和專業能力的男性將成為事情的關鍵角色，他通常代表專業人士，比如律師、醫師、會計師等，正位代表你將會得他的幫助，但你得投其所好，迎合偏見，他只幫助他相信的人。

事業：你將獲得老闆的肯定與幫助，或者你是老闆的話，你會獲得有經驗的專業人士的幫忙。

感情：女性抽到，代表另一半理性專業能力好，但稍嫌嚴肅。男性抽到，可能說明你是專業的人士，以此吸引女性。

財運：依據你的專業，你將會獲得財富，但通常是正財

或業務所得，不是投機財或賭博。

學業：專業又嚴格的男老師將會對你有幫助，保持著現在的專注度，將會獲得好成績。

☆ 逆位解釋

寶劍國王逆位，一位嚴肅並對你帶有負面偏見的權力者將對你產生傷害，你要小心應對，找人幫忙，去遊說他，或藉由實際的行動才能改變他對你的攻擊，要記得投其所好，而且他的偏好很明顯。代表自己的話，說明你的專業性不足，可能會傷害到自己。

☆ 塔羅建議

磨練自己的專業，累積自己的經驗，到了一定的程度，你將成為有成就的人，屆時，你或許會因為累積的經驗而帶來偏見，但這也沒什麼不好的，我們總有些習慣是想要保留的，這也會讓我們成為有魅力的人。

錢幣侍者
· PAGE OF PENTACLES ·

財務的消息

PAGE of PENTACLES.

✿ 基本意涵

　　具備財務、財經和理財興趣的少年正陶醉於賺錢的愉快中，他很積極的研究商業發展，並可能開始投資，為自己的將來打下初步的基礎。

✿ 符號象徵

　　手捧著錢：珍視著財物，我們從他的眼神中也可看出他的陶醉。

田地：說明著他擁有的資源與土地，積極耕種，假以時日，或能收成。

事件看法：錢幣是土元素，侍者是風元素，這說明獲得工作消息，賺錢的機會，得到穩固的基礎，為未來的發展鋪墊。

☆ 基礎解讀

錢幣侍者帶來錢財的消息，所以在問工作或財務的時候是很直接的說明得到錢的象徵，他是所有侍者中最務實的，也最有世俗基礎的，在占卜中通常代表自己。代表別人時，則出現了一個重視金錢關係的角色，你要注意對方的需求和條件。土元素有時也象徵重視肉體關係。

事業：這是很好的開始，特別是剛開始的時候，如果你已經從事此事好多年，則代表你需要新的職員和計劃，要年輕人來幫你。

感情：這是一段務實的關係，代表錢幣侍者的一方擁有財務基礎或比較重視錢，也可能是喜歡身體的接觸。

財運：金錢運勢良好，以小孩來說是大錢，以老闆來說，則獲得小案子。

學業：學業穩定，也說明讀書帶來好的財富，考試會有好成果，並帶來加薪的可能。

☆ 逆位解釋

　　錢幣侍者逆位時，代表財務狀態不穩定，或更直接的說明掉錢，失去錢財或工作，要小心用錢。在感情中，要小心理財狀況不佳的對象，也可能是金錢詐騙者，不要輕易的進展關係或有金錢往來。

☆ 塔羅建議

　　首先，你要訓練理財的知識，並且擁有穩定的工作和收入，接著，在時間的推移中，財富漸漸累積，最終獲得成就，有錢不是指存摺上的數字多少，而是你擁有一片屬於自己的田，能夠不斷的累積出財富，所以，有一套可運作的賺錢系統或專業能力，才是能不斷有錢的條件。

錢幣騎士
· KNIGHT OF PENTACLES ·

財務的行動

KNIGHT of PENTACLES.

✿ 基本意涵

　　這是一個對事業有遠見的男上，他目標遠大，想要完成的世俗成就會按部就班的完成，他有他人生的計劃，不容易改變，稍嫌無趣但也踏實。

✿ 符號象徵

騎士看著錢幣看著遠方：基於財富的目標看向遠處。

馬和騎士頭上的草：象徵著豐富肥沃的資源。

田地：代表騎士可耕種的範圍，田地比侍者大了，收成多了，當然耕種期也長了，這裡象徵騎士擁有比侍者更多的腹地，並更長遠的規劃。

馬的四腳踩地：錢幣騎士是四匹馬中，最穩定的馬，黑馬王子，表示看中最終結果的人。

事件看法：錢幣是財務，騎士是行動，你正在執行一項財務的行動，可能是投資或是長遠的事業計劃，按著步調便能成功。

☆ 基礎解讀

錢幣騎士通常代表一個男性角色在問題中處於重點的地位，這是一個對財務和計劃有想法的男士，可能是中階主管或業務，或至少是有過經驗還在成長中的工作者。他可以代表占卜者本人，也可以是幫助者或援助者。

事業：事業有很好的基礎，藉由穩定的耕耘，可以到達美好的未來。工作者的男性同事或主管，可以成為你的助力，要適時的尋求幫助。

感情：女性抽到代表會遇到事業良好的男性。男性抽到則可能是目前的主軸是事業，如果已經有伴侶，可以解為關係穩定或有前瞻性。

財運：收入或有增長，目前的財務計劃是可執行的。

學業：學業穩定，並且對將來的事業有幫助，特別是商業和財務相關的學習或考試，會有良好的結果。

☆ 逆位解釋

錢幣騎士逆位，代表事情發展倒退或停滯，正位的遠見此時變成了短視，或短期收益，這是一匹騎不遠的馬，事情的發展受限，你可能得有更長遠的計劃考量。有時，單純是一個男子造成了你的障礙，難以溝通協調，單純的找你麻煩，你可能得注意工作者的小人。關係中，顯示不願前進的男性角色，特別是在財務或錢的看法。

☆ 塔羅建議

通常你能夠計劃三年或五年之後的未來，有長遠的規劃能力時，就抽到這張牌，它提醒我們一步一腳印，等待著時間的催發，必能獲得成就。在感情中，錢幣是務實的，但也提醒關係的心靈溝通交流還是重要的唷！

錢幣王后
· QUEEN OF PENTACLES ·

財務與感情兼顧

QUEEN of PENTACLES.

✿ 基本意涵

　　女士坐在莊園中，掌握著手中的資源，她需要兼顧家庭與事業，有時是自願的，她也喜歡工作，有時是被迫的，她或許想要更多的家庭生活，總之，家庭主婦是多工的。

✿ 符號象徵

　　花架：象徵花園與莊園，愛家愛大自然的象徵。

塔羅教典·逐張解密，分項解答，按圖索驥學會塔羅牌·

石椅上的羊頭：魔羯座的象徵，但同時也代表堅毅。

兔子：生產力的象徵。

事件看法：錢幣代表財富或事業，王后代表感情，說明工作和收入穩定，情感也穩定的情況，但這張牌說明的是對現狀的肯定，也就是單身者維持單身，有家庭者家庭穩定。

☆ 基礎解讀

　　錢幣王后經常代表職業婦女，辛勤於工作也努力於家庭，基於責任感，她很認真的兼顧兩者，但畢竟過於操勞，她的表情並非愉悅，而是有點嚴肅的。如果並非已婚者，錢幣王后則可以是事業和生活的平衡，也或者是有談戀愛，但也需要努力於事業。

　　事業：女性可以代表自己的事業穩定。男性則代表你會遇到女性貴人或長官的支持，前提是你把她的工作做好。

　　感情：男性抽到代表你會遇到一個事業能力好的對象，對生活和未來比較有規劃和想法。女性抽到則代表自己正專注於事業，也可能是感情魅力來自事業能力。

　　財運：金錢運勢良好，你握有穩定的事業財富。

　　學業：如果是讀商業或財經，則是相當好的牌，考相關證照成績也相對比較好。其他科目或學校功課則代表成績穩定，女老師是你的貴人。

☼ 逆位解釋

　　錢幣王后逆位，說明財富和感情無法平衡的女性，你可能是太過忙碌於工作導致於忽略家庭與感情，也可能是太過想要談穩定的感情，導致無心打拼事業或財務不穩定。如果是問事業與投資，代表女老闆不喜歡你，或損失錢財的可能，要謹慎行事。

☼ 塔羅建議

　　如果是現代人的畫作，錢幣王后的笑容應該會多很多，古典上對女性的要求過多，希望她們家庭照顧好，如果想做事業，雖被容許，但還是要做好家務，所以才會面露苦態，現代的女性，其實可以好好當自己，把事業做好，讓家庭或感情成為你的後盾，而不是壓力責任的一部份。

錢幣國王
· KING OF PENTACLES ·

財富很穩定

KING of PENTACLES.

✵ 基本意涵

　　這位男士相當有錢，臨風顧盼，自豪的看著遠方，他對自己的商才和事業相當有自信，因為他商戰能力強，事業眼光獨到，自己的財富掌握得相當牢靠。

✵ 符號象徵

　　金牛的椅飾：金牛座的象徵，但同時就是有錢人的意思。

身穿盔甲：防備心與戰鬥力。

腳踩獸頭：戰功赫赫，錢幣國王是拿得出成績來的人。

身處城堡之中：擁有房子、地位和資產的人。

事件看法：錢幣代表財務，國王代表成熟和穩定，這張牌說明財富穩定、工作穩定，或即將執行的事業是很可靠的。

☆ 基礎解讀

國王通常是 45 歲以上事業有成的男性，可能是老闆或成熟的主管。錢幣國王象徵這樣的男性將會成為事件中的要角，正位採取正向的角度，可以幫助你。如果你還不到這個年紀或你自覺國王不是你，那麼，表示你要找這樣的國王幫你，才能獲得成功。但錢幣國王在商言商，不是隨意出手的。

事業：說明你的事業穩定。或老闆看中你，你做出成績，就能獲得犒賞。

感情：女性抽到代表你遇到一個年紀頗大的男性，特質是事業有成。男性抽到則代表你自己或你得變成事業有成，才能夠談戀愛。

財運：財運良好，而且你對金錢和投資有自己的看法，通常是正確的，你可以相信自己。

學業：財經相關的學業和考試是吉相。一般學業的話，

則說明男老師是你的關鍵角色，他對成績的要求相當務實，你得加油。

☆ 逆位解釋

國王的逆位，通常代表不誠懇或騙子男性，錢幣國王逆位則側重在財務的詐騙上，可能是誇耀自己很有錢或裝出闊綽的樣子，穿著名牌開著豪車，但其實負債多餘資產，無論在感情或事業中抽到，都要小心被騙錢，尤其是看著越有錢的，越有可能騙你錢。如果是個人投資的話，代表這並不會賺錢。

☆ 塔羅建議

事業穩定又有錢是現代人的理想，但如果生命中只剩下談錢的能力，則應驗了那句「窮得只剩下錢」。高等的錢幣國王是擁有豐富生活和投資視野的人，交友廣闊自信從內而發，不炫富卻能保持優雅。如果你是這樣的人，恭喜你，如果你還不是，請找尋一個人物標的，學習成為這樣的人，抽到這張牌說明你有這個潛質。

塔羅教典

作　　者－子玄
主　　編－林菁菁
企　　劃－謝儀方
封面設計－江孟達
內頁設計－李宜芝

總　編　輯－梁芳春
董　事　長－趙政岷
出　版　者－時報文化出版企業股份有限公司
　　　　　　108019 台北市和平西路三段 240 號 3 樓
　　　　　　發行專線－ (02)2306-6842
　　　　　　讀者服務專線－ 0800-231-705・(02)2304-7103
　　　　　　讀者服務傳眞－ (02)2304-6858
　　　　　　郵撥－ 19344724 時報文化出版公司
　　　　　　信箱－ 10899 臺北華江橋郵局第 99 信箱
時報悅讀網－ http://www.readingtimes.com.tw
法律顧問－理律法律事務所 陳長文律師、李念祖律師
印　　刷－勁達印刷股份有限公司
初版一刷－ 2023 年 3 月 17 日
初版三刷－ 2024 年 3 月 20 日
定　　價－新臺幣 420 元
（缺頁或破損的書，請寄回更換）

時報文化出版公司成立於一九七五年，
並於一九九九年股票上櫃公開發行，於二○○八年脫離中時集團非屬旺中，
以「尊重智慧與創意的文化事業」為信念。

塔羅教典 / 子玄著 . -- 初版 . -- 臺北市 : 時報文化出版企業股份有限
公司 , 2023.03
　　面；　公分

ISBN 978-626-353-499-5(平裝)

1.CST: 占卜

292.96　　　　　　　　　　　　　　　　　　　112001003

ISBN 978-626-353-499-5
Printed in Taiwan